- DIPLOMICA -
BAND 7

Herausgegeben von Björn Bedey

Das Motiv des Doppelgängers in der deutschen Romantik und im russischen Realismus

E.T.A. Hoffmann, Chamisso, Dostojewskij

von

Agnes Derjanecz

Tectum Verlag
Marburg 2003

Die Reihe *diplomica* ist entstanden aus einer Zusammenarbeit der
Diplomarbeitenagentur *diplom.de* und dem *Tectum Verlag*.
Herausgegeben wird die Reihe von Björn Bedey.

Derjanecz, Agnes:
Das Motiv des Doppelgängers in der deutschen Romantik und
im russischen Realismus.
diplomica, Band 7
/ von Agnes Derjanecz
- Marburg : Tectum Verlag, 2003
ISBN 978-3-8288-8563-9

© Tectum Verlag

Tectum Verlag
Marburg 2003

Inhaltsverzeichnis

1 Einleitung 5
2 Begriffsklärung 7
3 Der Jungsche Schatten 11
4 Adelbert von Chamissos Held ohne Schatten 13
   4.1 Das Schattenmotiv in der Forschungsliteratur 13
   4.2 Das Symbol des Schattens: Schattenvorstellungen ... 18
   4.3 Peter Schlemihls Schatten - Entstehungsgeschichte ... 20
   4.4 Schlemihls Persönlichkeit vor dem Schattenverkauf ... 23
   4.5 Schlemihls Schattenlosigkeit 26
   4.6 Herr Johns Welt: Geld und Schein 28
   4.7 Die Ambivalenz des Schattensymbols bei Chamisso ... 30
   4.8 Mina und Bendel als Vertreter echter menschlicher Werte ... 32
   4.9 Der eigentliche Teufelspakt 34
   4.10 Schlemihls Versöhnung mit seinem Schicksal - der Weg in die soziale Isolation ... 35
   4.11 Parallelen zur Adelberts Fabel 39
   4.12 Aufklärerische, romantische und realistische Züge der Novelle ... 40
   4.13 Die literarische Rezeption 42
5 E. T. A. Hoffmanns Doppelgänger 45
   5.1 Einführung 45
   5.2 Das Spiegelbild als Indiz der Ich-Spaltung 46
   5.3 Die Abenteuer der Silvesternacht 50
   5.4 Die Figur des Enthusiasten 50
   5.5 Die Geschichte vom verlorenen Spiegelbild 52
      5.5.1 Giulietta bzw. Julie im Kontrast zur frommen Hausfrau ... 56
      5.5.2 Die Verwandtschaft der drei Figuren - zur Struktur der Abenteuer . 59

5.5.3 Über die Nähe zu Chamissos Schlemihl 65
5.5.4 Realismus und Märchenhaftigkeit 67

6 Fjodor Dostojewskij: *Der Doppelgänger* 69
   6.1 Einführung 69
   6.2 Inhaltsangabe 70
   6.3 Die verschiedenen Interpretationen des Romans 71
   6.4 Bruch mit der literarischen Tradition 73
   6.5 Goljadkin vor dem Erscheinen des Doppelgängers 75
   6.6 Das erwünschte und verwünschte andere Ich 78
   6.7 Zwischen Halluzination und Realität 80
   6.8 Original und Kopie 82

7 Ein Schlußwort als Zusammenfassung 83

8 Literaturverzeichnis 87

1 Einleitung

Der Doppelgänger ist ein altes Motiv. Es spielt bereits im Glauben der Naturvölker eine Rolle: sie haben sich die Seele als ihr zweites Ich (*double*) vorgestellt, dessen Trennung vom Körper den Untergang des Individuums verursacht.[1] Das zweite Ich übernahm auch schützende Funktionen, so der *daimon* bei den antiken Griechen, der auch in Platos Schöpfungsmythos beschrieben wird oder der *genius* in der römisch-antiken Mythologie, der den Menschen beseelt. Im antiken Denken betritt jeder Mensch die Erde mit einem unsichtbaren geistigen Doppelgänger, der ihn zeitlebens begleitet, schützt und zu seiner Bestimmung und Entfaltung leiten will.

In vielen Schöpfungsmythen ist der Mensch, der nach dem göttlichen Ebenbild geschaffen wird, Doppelgänger seines Schöpfers, „was auch die Umkehrung zuläßt, daß der Mensch sich seine Götter als ideales Ebenbild selbst erschafft und unerreichbar macht ... Diese Gottähnlichkeit ist jedoch ein zweischneidiges Schwert: sie ist einerseits Auszeichnung, andererseits aber auch Herausforderung."[2] Das göttliche Ebenbild wird zum Wunschbild, indem es etwas Unerreichbares in sich verbirgt.

Auch in der Literatur läßt sich das Alter ego bis zu den Anfängen zurückverfolgen: die Ähnlichkeit zweier Personen verursacht schon in der Antike[3] - zum Beispiel in den Komödien Plautus'- Konflikte oder komische Situatio-

---

[1] TYMMS, Ralph, *Doubles in literary psychology*. Cambridge 1949. S. 44: „...they think the double is their soul, whose detachment from the body presages death."

[2] HILDENBROCK, Aglaja, *Das andere Ich. Künstlicher Mensch und Doppelgänger in der deutsch- und englischsprachigen Literatur*, Tübingen 1986. S. 34.

[3] Zur Geschichte des Motivs s. FRENZEL, Elisabeth, *Motive der Weltliteratur*. Stuttgart 1992. S. 95 ff

nen in den Verwechslungs- oder Zwillingskomödien. Hier ist die doppelgängerische Identität biologisch bestimmt und daher objektiv vorgegeben. In der Lustspieltradition der Antike kommt es am Ende immer zu einer wohlwollenden Auflösung der Verwirrung zwischen den beiden, visuell ähnlichen Gestalten.

Das Motiv begegnet uns zur Zeit der deutschen Romantik am häufigsten, wobei seine psychologische Interpretation in den Vordergrund tritt und die Aufhebung der Einmaligkeit des Individuums eine bedeutende Neubelebung und Umdeutung erfährt.

Doppelgängergestalten erscheinen oft in Märchen oder im Rahmen der phantastischen Literatur, die das Wunderbare und das Unheimliche in einer Weise darstellt, die die Leser und Figuren zwischen Realität und Imagination unschlüssig werden läßt. So wird es ermöglicht, daß ein Alter ego in verschiedenen Formen auftritt, handelt oder sich in anderen Dimensionen bewegt.

Im weiteren wird der Versuch vorgenommen, die unterschiedlichen Erscheinungsformen des Motivs in der deutschen Romantik und dem russischen Realismus in drei Werken (Adelbert von Chamisso: *Peter Schlemihls wundersame Geschichte*, E.T.A. Hoffmann: *Die Geschichte vom verlorenen Spiegelbilde* und F.M. Dostojewskij: *Der Doppelgänger*) zu untersuchen. Dabei werden die Variationsmöglichkeiten der Verdoppelung in der literarischen Darstellung gezeigt. Die Interpretation der drei Werke - mittels des Motivs - ermöglicht auch den Vergleich zwischen zwei Epochen der Literatur und den beiden Kulturkreisen.

2 Begriffsklärung

Der Begriff „Doppelgänger" verdankt Jean Paul seinen Durchbruch als Wort und Motiv in der Literatur. Er prägte in seinem Roman *Siebenkäs* (1796) den Begriff und definierte ihn als „Leute, die sich selber sehen"[4]. Diese Definition hat laut des Romangeschehens zwei Aspekte. Die beiden Haupthelden können sich selber in dem anderen - dem Freund - sehen, da sie sich geistig und seelisch vollkommen ergänzen, sogar ihre Namen tauschen. Auf der anderen Seite führt dieser Namenstausch im Falle von Leibgeber dazu, daß ihm ein Teil seiner Identität verlorengeht, und so deutet sein `Sich-selber-sehen in sich selber` auf eine Persönlichkeitsspaltung hin: er betrachtet sich im Spiegel, und sieht seine drei anderen Ich im Spiegelbild. Demnach fällt bereits in Jean Pauls Roman der Nachdruck auf zwei Begriffe, nämlich den der Ähnlichkeit und den der Spaltung des Ich.

Bei dem Auftreten eines Doppelgängers kommt es in der Regel[5] zu einer Erschütterung des Ichgefühls: der Begriff deutet schon in sich auf eine Verdoppelung, auf die Erscheinung eines *zwei*ten Ich. Sowohl das Wort *double* im Englischen bzw. im Französischen, als auch *dvojnik* im Russischen enthalten alle die Zahl *zwei* (*deux* bzw. *dvo*). Während das lateinische *Alter ego* die Bildhaftigkeit („das andere Ich") ausdrückt, betonen die oben aufgezählten

---

[4] Jean Paul, *Werke* (1965) Bd. II (hrs. Von Gustav Lohmann): *Blumen-, Frucht- und Dornenstücke oder Ehestand und Hochzeit des Armenadvokaten F. St. Siebenkäs*. S. 66.

[5] Eine Ausnahme bildet z.B. bei Goethe die Stelle aus dem XI. Buch von *Dichtung und Wahrheit*, wo Goethe nach dem Abschied von Friederike seinem Doppelgänger begegnet, der ihn tröstet und beruhigt.Hierzu kommen auch all die Situationen, in denen eine Verdoppelung des Ich nur eine komische Situation hervorruft, und so die Einheit der Persönlichkeit unberührt bleibt.

Beispiele einen Zwiespalt, eine Spaltung. So spielt nicht die physische Ähnlichkeit die wichtige Rolle, sondern der Austritt aus der *Ein*heit und dadurch die Entstehung der Polarität. Das entspricht der Symbolik der *zwei,* die eine Antithese bedeutet, eine Verneinung und die Existenz bzw. den Kampf zweier Pole. Die Zwei bezeichnet eine Dualität von Ich und Nicht-Ich; gleichzeitig trennt und verbindet sie. Sie ist „eine mit der Schöpfung entstehende Zahl. Denn ohne die Polarität, die sie ausdrückt, könnte das Leben nicht bestehen".[6]

Die Polarität ist notwendig, muß aber trotzdem überwunden werden, damit eine Synthese entsteht: die Aufhebung der Spaltung ist laut der Symbolik in der Drei möglich. (Auf welche Weise so eine Versöhnung zwischen dem Ich und dem Doppelgänger zustande kommen kann, wird im späteren behandelt.)

Wenn man sich vor Augen hält, daß den Doppelgänger in den meisten Fällen nicht in erster Linie die körperliche Ähnlichkeit mit dem Ich ausmacht, kann behauptet werden, daß eher eine psychische Bereitschaft das Auftreten des Alter egos verursacht. Damit verknüpft sich auch die Doppelgängerdefinition von Sylvia Plath, die zwischen objektiven und subjektiven Doppelgängern unterscheidet. In dem ersten Fall sieht auch die Umwelt, daß der Held aus zwei getrennten Teilen besteht; den subjektiven Doppelgänger realisiert aber nur der Held selber, indem er sich in ihm wiedererkennt, wobei vor allem eine seelische Affinität als Ursache gefunden werden kann.

Im Zusammenhang damit stellt Aglaja Hildenbrock fest, daß der Grad der physischen Ähnlichkeit für das Doppelgängererlebnis sekundär ist: „Voraus-

---

[6] ENDRES, Franz Carl - SCHIMMEL, Annamarie, *Das Mysterium der Zahl: Zahlensymbolik im Kulturvergleich*, München 1993. S. 62-63.

setzung ist vielmehr die (unbewußte) psychische Bereitschaft eines Menschen, sich in einem beliebigen Gegenüber wiederzuerkennen.".[7]

Alain Preaux unterscheidet zwischen zwei Arten von Doppelgängergestalten: die Ich-Spaltung entsteht entweder „durch Projektion des guten bzw. bösen Ichs aus dem Ich heraus"[8], und wird zu einem phantastischen Doppelgänger, zum Wunsch- oder Schreckbild; oder das Ich identifiziert sich mit einem realen, vorgefundenen Doppelgänger, der dann das Ich - z.B. durch Nachahmung - zu usurpieren droht. Das passiert auch in Dostojewskijs Roman *Der Doppelgänger*.

In den obigen Definitionen wurde mehrmals vorgeführt, daß nicht unbedingt nur eine reale Person als Doppelgänger fungieren muß. Die Funktion des Alter egos können auch Spiegelbild, Portrait und Schatten übernehmen, indem sie eine Verdoppelung des Urbildes darstellen, über eine gewisse Ähnlichkeit mit ihm verfügen, jedoch als ein *anderes* Ich realisiert werden können. In dieser Arbeit wird der Begriff „Doppelgänger" für das Gegenüber (Spiegelbild, Schatten, Portrait, der Teufel bzw. eine reale Person) des Ich benutzt, das einen Teil der Persönlichkeit besitzt und so zu einer Spaltung des Ich führt, das infolgedessen nicht mehr als Einheit existieren kann.

---

[7] HILDENBROCK, Aglaja, *Das andere Ich. Künstlicher Mensch und Doppelgänger in der deutsch- und englischsprachigen Literatur*, a.a.O., S. 272.

[8] PREAUX, Alain, *Das Doppelgängermotiv in Jean Pauls großen Romanen,* in: Jahrbuch der Jean-Paul-Gesellschaft 21, 1986, 97-121. S. 98.

3 Der Jungsche Schatten

Zusammenfassend kann festgestellt werden, daß die psychologische Motivation des Doppelgängermotivs nicht außer Acht gelassen werden darf. Aus diesem Grund möchte ich vor der Interpretation der einzelnen Werke den Begriff des Schattens in der Psychologie von C.G. Jung einführen, das „Gegenstück, das alles enthält, was wir allzu gerne unter den Tisch verschwinden lassen"[9], das von Jung auch als „unheimlicher, schrecklicher Bruder" bezeichnet wird.

Zum (persönlichen) Schatten gehören „alle jene Wesensseiten, Eigenschaften, Tendenzen, Impulse, Reaktionen, Wünsche und Wahrnehmungen, die den Gesetzen und Regeln des bewußten Lebens zuwiderlaufen"[10], aber auch gesunde Instinkte, kindische Eigenschaften, schöpferische Impulse, die nicht ausgelebt werden.

Die Konfrontation mit dem eigenen Schatten ist der erste Schritt des Individualisationsprozesses. Sie ist in den meisten Fällen erschütternd, zur Erreichung der Ganzheit der Persönlichkeit aber unausweichlich. Wenn diese andere Wesensseite nicht gesehen wird, so kommt es zu neurotischen Symptomen und der Schatten wird auf die Umgebung projiziert.

Der Jungsche Schattenbegriff kann bei der Untersuchung des Doppelgängertums einbezogen werden, da es sich hier auch um ein zweites Ich und eine Art Identitätskrise handelt, und so hat auch eine psychologische Analyse der

---

[9] SCHLEGEL, Leonhard, *Grundriß der Tiefenpsychologie*. Bd. 4. *Die Polarität der Psyche und ihre Integration. Eine kritische Darstellung von C. G. Jung*, München 1973. S. 74.

[10] SCHLEGEL Leonhard, *Grundriß der Tiefenpsychologie*, a.a.O., S. 73.

betreffenden literarischen Werke durchaus ihre Berechtigung. Der Doppelgänger (sei er ein Spiegelbild, ein Schatten oder eine reale Person) kann also dem Schattenwesen der Persönlichkeit gleichgesetzt werden, all den Eigenschaften und Wünschen, die das Ich versäumt hat zu realisieren.

Im Zusammenhang mit dem Jungschen Schattenbegriff kann auch der - in der Psychologie ebenfalls auftauchende - Begriff des „Unheimlichen" erwähnt werden. Freud definiert ihn folgendermaßen: „das Unheimliche [...] ist das ehemals Heimische, Altvertraute. Die Vorsilbe 'un' an diesem Worte ist [...] die Marke der Verdrängung"[11].

Damit steht auch eine Bemerkung Dostojewskijs im Einklang, daß auf den Doppelgänger „alles Geheimgehaltene und Verborgene"[12] verschoben werde.

Aus dem vorher Gesagten folgt, daß der Doppelgänger nur dann als beunruhigend empfunden wird, wenn er einen verdrängten, geheimgehaltenen Teil des Ich sichtbar macht. Voraussetzung für den Auftritt des Doppelgängers ist demnach eine Art innere Unruhe, ein Außenseitersein: die Spaltung des Ich wird nicht durch die Erscheinung des anderen Ich verursacht, sondern umgekehrt: ein Doppelgänger „entsteht" deswegen, weil eine seelische Trennung bzw. Verdoppelung schon im voraus vorhanden ist.

---

[11] FREUD, Sigmund, *Das Unheimliche*, in: *Psychologische Schriften*. Studienausgabe, Bd. IV, Frankfurt am Main 1970. S. 262.
[12] zitiert von Reber in REBER, Nathalie, *Studien zum Motiv des Doppelgängers bei Dostojevskij und E.T.A. Hoffmann*. Bern 1964. S. 69. Die Bemerkung entstammt einem Notizheft von Dostojewskij.

4 Adelbert von Chamissos Held ohne Schatten

4.1 Das Schattenmotiv in der Forschungsliteratur

Peter Schlemihls wundersame Geschichte von Adelbert von Chamisso, entstanden im August/September 1813 und 1814 veröffentlicht, gehört zu der nicht eben großen Zahl deutscher Novellen des 19. Jahrhunderts. Hier erscheint der Schatten - bzw. die Schattenlosigkeit - erstmals in der Weltliteratur als Hauptmotiv eines Werkes.

Die meisten Interpreten konzentrieren sich auf das Schattenmotiv; es gibt aber auch andere Probleme, die die Forschung beschäftigen, so das der Gattung, der Quellen und Vorbilder, der Märchenmotive und deren Herkunft, der Ähnlichkeiten in der Lebensgeschichte des Autors mit denen seines Helden oder der Strukturfrage des Werkes im Hinblick auf die Zweiteilung.

Da das Hauptziel dieser Arbeit die Untersuchung des Doppelgängermotivs ist, wird das Motiv des Schattens im Zentrum stehen. Von den anderen Aspekten sei hier nur die Gattungsfrage - wenn auch nicht in allen Details - erwähnt.

Chamisso hat die Geschichte der Frau und den Kindern seines Freundes Hitzig als Märchen zugedacht. Trotz der märchenhaften Utensilien hat man zu Recht die Bezeichnung „Märchen" abgelehnt. Thomas Mann hielt das Werk für eine phantastische Novelle, Benno von Wiese für ein Novellen-Märchen. „Die Spannung liegt darin, wie all dieses „Wundersame" *mitgeteilt* wird.

Märchen kann man nicht mitteilen."[13], vertritt Grete Lübbe-Grothus die Meinung und lehnt damit die Bezeichnung „Märchen" ab. Hermann August Korff hält die Geschichte für „ein Märchen [...] zu geistreich"[14]. Die unerhörte Begebenheit des Schattenverlustes deutet auch auf eine Novelle hin. Der „Schatten-Plot [...] erwies sich als ein erzählerischer Einfall, der bei der zeitgenössischen Leserschaft schon auf Grund seiner märchenhaft-phantastischen Einprägsamkeit sogleich populär wurde"[15]- heißt es bei Berndt Leistner.

Auf die Popularität des Werkes deutet auch Gero von Wilperts Feststellung hin, wonach die Entschlüsselungsversuche der Schattenlosigkeit in der Fachliteratur „insgesamt über 50 sich teils überlappende, teils einander ausschließende Deutungen hervorgerufen haben"[16]. Die Attraktivität des Motivs für die Interpreten ist leicht nachzuvollziehen: nicht nur die damalige Singularität des Schattenverkaufs und dessen Zentralstellung dienen als Erklärung, sondern auch die Tatsache, daß Chamisso keine Schlüsselworte lieferte, und eine Deutung seinerseits ablehnte.

Bevor versucht wird, einen Einblick in die bisherigen Deutungen zu geben, sollte hier eine kurze Zusammenfassung der Ereignisse dieser „wunderbaren Geschichte" folgen.

---

[13] LÜBBE-GROTHUS, Grete: Chamisso: *Peter Schlemihls wundersame Geschichte. Protokoll einer Arbeitsgemeinschaft*, in: Wirkendes Wort 1955/56, S. 302.

[14] KORFF, H[ermann] A[ugust], *Geist der Goethezeit. Versuch einer Entwicklung der klassisch-romantischen Literaturgeschichte*, T.4: Hochromantik, Leipzig 1956. S. 350.

[15] LEISTNER, Bernd, *Chamisso und sein Mann ohne Schatten*. In: B. L., *Sixtus Beckmesser, Essays zur deutschen Literatur*. Berlin-Weimar 1989. S. 84.

[16] WILPERT, Gero von, *Der verlorene Schatten. Varianten eines literarischen Motivs*, Stuttgart 1978. S. 32. Über die einzelnen Deutungsversuche s. ebenda S. 32-42.

Auf einer Gartengesellschaft des reichen Herrn John, zu dem Peter Schlemihl mit einem Empfehlungsschreiben gekommen ist, begegnet Schlemihl einem in Grau gekleideten Mann, der alle Dinge, die von den Gästen gewünscht werden (eine Brieftasche, ein Zelt, einen türkischen Teppich und drei gesattelte Pferde) aus der Tasche seines grauen Rockes zieht. Obwohl der Mann genauso unscheinbar ist, wie Schlemihl selber, und ihn niemand zu kennen scheint, spielt er später eine entscheidende Rolle in dem Leben des Protagonisten.

Alle Gäste nehmen die Gaben mit der größten Selbstverständlichkeit entgegen, „als müsse es so sein" (S. 20). Schlemihl ist der Einzige, dem so „unheimlich, ja graulich zumute" (ebd.) wird, daß er beschließt, von der Party wegzugehen. Aber dann nähert sich ihm der Fremde schon, und schlägt Schlemihl vor, seinen Schatten ihm abzukaufen - für einen Glücksäckel, der stets mit Dukaten gefüllt ist. „Ich bekam einen Schwindel" (S. 23) - berichtet Schlemihl, trotzdem verkauft er seinen Schatten dem Grauen, der sich als der Teufel entpuppt.

Nachdem der Graue den Schatten aufrollt und zu sich steckt, beginnt Schlemihl bald sein Außenseitertum zu spüren: man mahnt, bemitleidet, verspottet ihn, doch am häufigsten fällt er der Ächtung durch die Mitmenschen anheim. Obwohl sein treuer Diener Bendel in seinem Namen den Armen Geld schenkt und versucht, die Schattenlosigkeit seines Herrn mit seinem eigenen Schlagschatten zu verbergen, bleibt Schlemihl - auch als Graf Peter, für den er gehalten wird - von der Gesellschaft ausgeschlossen. Seine Liebe zu der Förstertochter Mina, die intensivste soziale Bindung des Menschen, scheitert auch an seiner Schattenlosigkeit. Sein anderer Diener Rascal hintergeht ihn, und er muß fliehen. Er hat die Möglichkeit, seinen Schatten wieder zu besitzen, und dadurch auch Mina heiraten zu können, er ist aber nicht bereit, den tatsächlichen Teufelspakt zu schließen: er will seine Seele nicht gegen seinen Schatten eintauschen. Er führt nach dieser Entscheidung ein völlig isoliertes

Leben im Dienste der Naturwissenschaft - wobei ein Paar gefundene Siebenmeilenstiefel helfen. Er begegnet noch einmal Mina und Bendel, die zusammen aus seinem Geld das Schlemihlium gegeründet haben, wo viele Kranke seinen Namen segnen, und wo auch er geheilt, jedoch nicht erkannt wird.

Schlemihls Manuskript - das Chamisso, sein Freund den Lesern mitteilt - endet mit einem Rat: „willst du unter den Menschen leben, so lerne verehren zuvörderst den Schatten, sodann das Geld. Willst du nur dir und deinem besseren Selbst leben, oh, so brauchst du keinen Rat" (S. 78-79).

Einige Deutungen gehen von der wegen den gemeinsamen biographischen Zügen[17] behaupteten Seelenverwandtschaft des Autors mit seinem Geschöpf aus. Diese Verwandtschaft wird auch zum interpretatorischen Schlüssel gemacht, und dadurch der Schattenverlust als Symbol der Heimatlosigkeit gedeutet.

Daß eine gewisse, beabsichtigte Ähnlichkeit zwischen Chamisso und der Figur des Peter Schlemihl besteht, kann nicht bezweifelt werden. Das geht schon aus der Widmung[18] der Geschichte („An meinen alten Freund Peter Schlemihl") hervor, in der sich aber der Autor gleichzeitig von Schlemihl distanziert: „Den Schatten hab ich, der mir angeboren,
/ Ich habe den Schatten nie verloren" (S. 8)[19].

---

[17] Chamisso, als Franzose in Preußen, war ein national und sozial Entwurzelter. Daneben war es sein Ziel, ein „tüchtiger" Naturwissenschaftler zu werden.

[18] Der Dichter formuliert seine ähnlichen Erfahrungen folgenderweise:
„Mich traf, obgleich unschuldig wie das Kind,
der Hohn, den sie für deine Blöße hatten.-
Ob wir einander denn so ähnlich sind?!-" (3. Strophe)

[19] Alle Zitate aus *Peter Schlemihls wundersame Geschichte* sind in Adelbert Chamisso, *Peter Schlemihls wundersame Geschichte*. Stuttgart 1993. zu finden. Die Seitenzahl ist in Klammern nach dem Zitat.

Macht man sich Ernst Loebs Auffassung zu eigen, erscheint diese Distanzierungsabsicht auch darin, daß „in der ganzen Erzählung eine bewußte, auch stilistisch belegbare Satire und Ironisierung" zu spüren ist.

Der stereotype Rückbezug auf das Leben des Dichters gibt auch nach der Meinung von Thomas Mann keine genügende Antwort auf das Rätsel der Schattenlosigkeit. Er betrachtet in seinem Chamisso-Essay den Schatten als „Symbol aller bürgerlichen Solidität und menschlicher Zugehörigkeit"[20]. Die Darstellung einer Außenseiterexistenz sieht auch Benno von Wiese in der Geschichte Schlemihls: „Offensichtlich geht es darum, daß ohne Schatten zu sein den Verlust des sozialen Ich bedeutet"[21].

Bei anderen Autoren erscheint der Schatten als äußere Ehre, Ansehen; als gesellschaftliches Talent; als eine Art Doppelgänger; als Symbol bürgerlicher Scheinwerte oder der menschlichen Selbstentfremdung.

Nach dieser - keinesfalls vollständigen - Aufzählung der verschiedenen Deutungen möchte ich mich bei meiner Interpretation auf Abhandlungen stützen, die den Schatten als eine Duplikation Schlemihls betrachten. Um die Berechtigung dieser Auffassung zu zeigen, wird im nächsten Kapitel die Symbolik des Schattens im Volksglauben und in den animistischen Vorstellungen erläutert.

---

[20] MANN, Thomas, *Chamisso*. In: *Gesammelte Werke* IX.: *Reden und Aufsätze*. Frankfurt 1960. S. 46.
[21] WIESE, Benno von, *Chamissos Peter Schlemihl*. In: Benno von Wiese: *Die deutsche Novelle von Goethe bis Kafka*. Düsseldorf 1957. S. 109.

4.2 Das Symbol des Schattens: Schattenvorstellungen

Meines Erachtens kann man den Schatten*verlust* nicht interpretieren, ohne die Frage nach dem Wesen des Schattens zu stellen.

Wie bereits in der Einführung angedeutet, galt jede Form der Reproduktion bzw. Duplikation des Menschen - so unter anderem der Schatten - in der animistischen Vorstellung als Manifestation der menschlichen Seele. So wurde dieses zweite Ich genauso gehütet, wie der Körper selbst, denn was immer dem Schatten zustieß, traf auch seinen Besitzer. Demnach war der Schatten ein wesentlicher Teil der individuellen Persönlichkeit, ohne den es kein vollwertiges, erfülltes Leben geben konnte[22].

Die Größe des Schattens zeigt in der archaischen Denkweise - laut dem *Handwörterbuch des deutschen Aberglaubens* - die menschliche (Lebens)Kraft. Winfried Freund schreibt im Einklang damit: „Seit jeher gilt der Schatten einer Person als wesentlich zugehörig"[23], und erwähnt, daß im Volksglauben die Personen von der Schattenlosigkeit betroffen waren, die

---

[22] Eine Bemerkung von Lèvy-Bruhl, die die Undifferenziertheit zwischen dem Ich und seinem Schatten in der animistischen Denkweise veranschaulicht : „It is not enough, then, to say, as we generally do, that the shadow or the likeness is a `second self`, as if it really had an existence apart from that ot the `first self`. It is only another aspect of the same `self`. In: Lévy-Bruhl, Lucien, *The `Soul`of the Primitive*. London 1928. S. 155.

[23] FREUD, Sigmund, *Das Unheimliche*, a.a.O., S. 21.

sich mit Geistern oder mit dem Teufel eingelassen haben: so galt der Schatten „etwa als Honorar für die Teufelsschule"[24].

Der Teufel selber hat im Volksglauben keinen Schatten, genauso wenig wie die Dämonen, Gespenster - sie können nämlich selber als „Schatten" betrachtet werden, als Produkte der menschlichen Phantasie, die diesen „Wesen" einen Körper gibt, und sie auf diese Weise zum Leben erweckt. Dementsprechend führen auch die Toten in der griechischen Mythologie ein schattenhaftes Dasein: sie existieren nicht mehr in der Realität.

Wenn der Schatten mit der Seele identisch und der Sitz der Lebenskraft ist, kann daher sein Fehlen nicht nur als Seelenlosigkeit, sondern auch als Zeichen des Todes bzw. Vorzeichen des nahenden Todes gelten. „Der Schatten wird als Gegenstück von Licht aufgefaßt, das [...] in engster Beziehung zum *Leben* steht"[25]. Das ist eine andere Erklärung dafür, warum der Schatten, genauso wie die Dunkelheit, den Bereich des Todes konnotieren kann.

Wie oben (Kap. 3) bereits erläutert wurde, steht der Schatten bei C.G. Jung für die unbewußte, nicht gelebte, nicht „beleuchtete" Seite der Persönlichkeit. Obwohl die Wahl des Schattenbegriffes für die Bezeichnung der Dunkelseite des Ich sicherlich nicht unbeabsichtigt und unabhängig vom Volksglauben ist, steht der Schatten bei Jung für einen wesentlichen Teil des Ich, ohne den die Persönlichkeit ein Torso bleibt. Ernst Loeb zitiert eine Reflexion von Goethe in seiner Abhandlung über Chamissos *Schlemihl,* wonach der Schatten „Verschattung und Dunkelseite des Lebens" sei, „ohne die allerdings

---

[24] ebenda
[25] HILDENBROCK, Aglaja, *Das andere Ich. Künstlicher Mensch und Doppelgänger in der deutsch- und englischsprachigen Literatur,* A.a.O., S. 247.

auch das Licht seine Wesensbestimmung und Bedeutung verlöre"[26]. Genauso wie die beiden Pole, Licht und Dunkelheit, setzt im Falle einer reifen, vollständigen Persönlichkeit die Schattenseite den anderen, gelebten, „hellen" Teil voraus, und umgekehrt.

4.3 Peter Schlemihls Schatten - Entstehungsgeschichte

Chamisso hat am 11. April 1829 in einem Brief an Staatsrat Trinius die folgende Erklärung für die Idee des verlorenen Schattens gegeben: „Ich hatte auf einer Reise Hut, Mantelsack, Handschuhe und mein ganzes bewegliches Gut verloren; Fouqué frug: ob ich nicht auch meinen Schatten verloren habe? Und wir malten uns das Unglück aus". Hier wird also der Schattenverlust für ein Unglück gehalten, er ist auch eine Art Steigerung: wenn man sogar seinen Schatten verlöre, das könnte durchaus als Unglück angesehen werden.

Gero von Wilpert erwähnt auch einen zweiten Brief Chamissos, diesmal an Hitzig, in dem die Geschichte vom Verlust seiner Sachen (auf der Reise von Osnabrück nach Paris am 29. Januar 1810) bereits erzählt wird. Wilpert stellt auch fest: „Es besteht also kein Anlaß, diese Version als ein Understatement des erfolgreichen Autors zu betrachten[27].

In einem Brief Fouqués an Hitzig vom 5./7. Oktober 1839 steht eine zweite Version der Entstehungsgeschichte: „Das Aufgehen des Schlemihl gehört nicht nach Kunersdorf, sondern nach Nennhausen. [...] Ich seh'es noch heute.

---

[26] LOEB, Ernst: *Symbol und Wirklichkeit des Schattens in Chamissos "Peter Schlemihl"*, in: Germanisch-Romanische Monatsschrift NF 15, 1965. S. 402.
[27] WILPERT, Gero von, *Der verlorene Schatten. Varianten eines literarischen Motivs*, a.a.O., S. 29.

Der Mittags-Sonnen-Schein[28] lag licht um uns her. Wir tändelten keck mit poetischen Gebilden, wie es wohl im Dyalog unsre Art zu sein pflegte. Da blieb Adelbert mit einmal stehn, und sagte: „Wenn so Eins von uns plötzlich seinen Schatten verlöre, oder Jedes den Seinigen?"- - Es ergriff uns Beide wunderlich. - - Das ist die Wurzel des Peter Schlemihls".

Es gibt aber auch eine dritte Version, diese stammt von einem anderen Freund Chamissos, Wilhelm Rauschenbusch[29]: „Ich kann aus einer mündlichen Mitteilung, die ich entweder von Chamisso, oder von Fouqué habe, hinzufügen, daß zur Entwicklung des Märchens wesentlich ein Spaziergang beigetragen, den beide einmal auf Fouqués Gute Nennhausen gemacht. Die Sonne warf lange Schatten, so daß der kleine Fouqué nach seinem Schatten fast so groß aussah, als der hochgewachsene Chamisso, „Sieh, Fouqué", sagt da Chamisso, „wenn ich Dir nun Deinen Schatten aufrollte und Du ohne Schatten neben mir wandern müßtest?" Fouqué fand die Frage abscheulich und reizte dadurch Chamisso, die Schattenlosigkeit weiter auszubeuten. Wahrscheinlich ist dieser Vorfall der Anlaß gewesen, daß Fouqué, dem Briefe an Trinius gemäß, demnächst Chamisso fragte, ob er nicht auch seinen Schatten verloren habe".

Hier wird die Idee des Schattenverlustes als abscheulich empfunden (es ist weniger wichtig, ob es tatsächlich Fouqué war, der sich so geäußert hat),

---

[28] Es ist bemerkenswert, daß die zitierte Szene zur Mittagszeit spielt, wo der Schatten am kleinsten und laut den abergläubischen Befürchtungen der Mensch am meisten gefährdet ist - Chamissos Assoziation auf den Verlust des Schattens könnte mit der Größe des Schattens zu Mittagszeit verbunden sein.

[29] s. Rauschenbusch` Einleitung in *Peter Schlemihls wundersame Geschichte* Berlin, 1876, S. 10. Zitiert auch von Wilpert in WILPERT, Gero von, *Der verlorene Schatten. Varianten eines literarischen Motivs,* Stuttgart 1978. S. 30.

wenn auch keine Gründe dafür genannt werden; wie in Chamissos Brief, wo auch nicht erklärt wird, warum der Verlust des Schattens ein Unglück sei.

Eine mögliche Erklärung wäre die Tatsache, daß das Motiv des Schattens in den animistischen Vorstellungen bzw. im Volksglauben wurzelt, und auf diese Weise die zu dem Schatten gehörenden Glaubensvorsetllungen, Ängste - vor allem vor mehr als 100 Jahren - im Bewußtsein des Alltagsmenschen enthalten waren. Auch deswegen gibt es eine Berechtigung für eine Interpretation des *Peter Schlemihl* in Bezug zum Volksglauben. Chamissos wenige Äußerungen im Zusammenhang mit seinem Werk widersprechen diesem Verfahren auf keinen Fall.

Auf den Namen „Schlemihl" ist Chamisso aus der talmudischen Überlieferung durch Hitzig aufmerksam geworden. Die hebräische Bezeichnung bezog sich in der jüdischen Tradition auf unglückliche und ungeschickte Leute, denen nichts in der Welt gelingt. Der Autor schreibt 1821 über die Schlemihl-Gestalt an seinen Bruder: „Ein Schlemihl bricht sich den Finger in der Westentasche ab, er fällt auf den Rücken und bricht sich das Nasenbein, er kommt immer zur Unzeit. Schlemihl, dessen Name sprichwörtlich geworden ist, ist eine Person, von der der Talmud folgende Geschichte erzählt: Er hatte Umgang mit der Frau eines Rabbi, läßt sich dabei ertappen und wird getötet. Die Erläuterung stellt das Unglück dieses Schlemihls ins Licht, der so teuer das, was jedem anderen hingeht, bezahlen muß"[30].

Durch diese Beschreibung entsteht das Bild einer Person, die einerseits ein Pechvogel und Typ des Ungeschickten ist, andererseits durch Leichtsinn schuldig wird, und dafür büßen muß.

---

[30] Zitiert in WILPERT, Gero von, *Der verlorene Schatten. Varianten eines literarischen Motivs,* a.a.O., S. 21.

„Zwischen der jüdischen Pechvogel-Figur des Schlemihl und Chamissos schattenlosem Helden sind die Bezüge höchst locker"[31] - meint Gero von Wilpert. Peter Schlemihl hat im Laufe der Geschichte mehrmals Glück (er findet die Siebenmeilenstiefel und das Vogelnest; er hat einen ehrlichen und treuen Diener) und ihm stoßen ja nicht alle möglichen Mißgeschicke zu: er geht - wenn auch „in Schwindel", also nicht mit klarem Entschluß und sich über die Konsequenzen nicht bewußt - auf einen Handel ein, wobei sein Handelspartner der Teufel ist. So wird „der Pechvogel in einen Schuldigen"[32] verwandelt.

4.4 Schlemihls Persönlichkeit vor dem Schattenverkauf

Peters Leidensweg beginnt mit einer Reise: er fährt über das Meer, um sein Glück beim Herrn John zu probieren, löst sich dadurch aus seinen überkommenen Lebensumständen heraus, und findet sich ganz auf sich selbst gestellt. Die Reise als Motiv ist nicht nur ein Vorzeichen von - erhofften bzw. unerwarteten - Veränderungen. Sie kann auch auf eine latente Unzufriedenheit mit den zu Hause gegebenen Verhältnissen hindeuten. Schlemihl treibt, nach den Worten Winfried Freunds, „nicht nur der Wunsch nach Bereicherung, sondern auch das Bedürfnis nach Beweglichkeit, nach expansiver Ausweitung des eigenen begrenzten Lebensraums"[33], die dem Helden später durch seine Siebenmeilenstiefel ermöglicht wird.

---

[31] WILPERT, Gero von, *Der verlorene Schatten. Varianten eines literarischen Motivs,* a.a.O., S. 57.
[32] FRENZEL, Elisabeth, *Motive der Weltliteratur.* Stuttgart 1992. S. 714-716.
[33] FREUD, Sigmund, *Das Unheimliche,* a.a.O., S. 20

Schlemihls Herkunft bleibt unerwähnt, das deutet auf eine unbedeutende ständische Stellung hin: er befindet sich im unteren Bereich der sozialen Skala. Er ist einverstanden mit Herrn Johns Meinung, obwohl sie ihn demütigt: „Wer nicht Herr ist wenigstens einer Million [...], der ist, man verzeihe mir das Wort, ein Schuft! (S. 18)" Das kennzeichnet bereits Schlemihls Wunsch, zu der Welt des reichen Herrn John zu gehören, zu einer Welt, in der man das ist, was man besitzt.

Peter Schlemihl „befand sich gleich zu Beginn nicht wohl" - vertritt Lübbe-Grothus die Meinung. Er fühlt sich - noch vor dem Schattenverkauf - „fremd" (S. 18) auf der Abendgesellschaft von Herrn John. Sein geringes Selbstwertgefühl wurzelt in der Armut, und er hofft durch das Geld aus dem Glücksäckel auf Anschluß an die Gesellschaft und den Abstand zu ihr zu überwinden. So ist bereits eine „übergroße Bereitschaft" seitens Schlemihl vorhanden, aus dem „Schatten der eigenen Existenz"[34] herauszutreten. Neben der inneren Unzufriedenheit und der Faszination von Geld und Besitz spielen auch Schlemihls charakterliche Schwächen, so die Leichtfertigkeit, die Beeinflußbarkeit und die Anfälligkeit für die Schmeicheleien und Aufmerksamkeiten des Grauen eine wichtige Rolle. Was seine Leichtsinnigkeit anbelangt, nennt ihn Jochen Hörisch in seinem Aufsatz „metaphysikimmun", der „die Suche nach dem primären Wort und Zentrum nicht teilt"[35]. Trotz seiner Abneigung denkt er über die eventuellen Folgen des Schattenverkaufs nicht nach, (er fühlt sich, „wie ein Vogel, den eine Schlange gebannt hat" [S. 21]) dem Grauen gegenüber. Er selber behauptet später, daß er „zur philosophi-

---

[34] LOEB, Ernst: *Symbol und Wirklichkeit des Schattens in Chamissos "Peter Schlemihl"*, a.a.O., S. 404
[35] HÖRISCH, Jochen, *Schlemihls Schatten - Schatten Nietzsches*, in: Athenäum 5, 1995. S. 28.

schen Spekulation keineswegs berufen" (S. 61) sei. Zur Verwirklichung und Erfüllung seines Selbst geht er nicht den Weg der Selbstbeobachtung und Reflexion - das ist eine „günstige" Situation für die Trennung des Ich und die Erscheinung eines Doppelgängers, diesmal als Schatten, der ihm abgetrennt wird.

Winfried Freund macht in seiner Analyse einen treffenden Vergleich zwischen Franz Sternbald, dem Held Ludwig Tiecks Roman *Franz Sternbalds Wanderungen* (1798) und Peter Schlemihl. Sternbald gelangt, ähnlich wie Chamissos Held, mit einem Brief zu einem reichen Mann, der sich auch gerade in einer Gesellschaft befindet. Franz ist aber ein talentierter Maler, der sich „dem Wohlstand und seinen Verführungen gegenüber als absolut immun"[36] erweist, obwohl er auch arm ist.

Herr Zeuner, der mit Herrn John viele Ähnlichkeiten aufweist, verachtet in diesem Roman genauso alle Leute, die kein Geld besitzen, so auch Dürer: „niemand achtet ihn, da er ohne Vermögen ist"[37]. Für Franz Sternbald bilden aber -mit den Worten von Winfried Freund - „ideelle Werte und Schöpferkraft den wahren Reichtum". Während Schlemihl dem Reichtum hinterherschleicht, kehrt Sternbald der Gesellschaft, die vom Geld besessen ist, den Rücken und zieht sich in die Welt der Kunst zurück. Schlemihl dagegen sieht in Herrn John die einzige Hoffnung für die Verbesserung seiner Lebensumstände: er will den bequemeren Weg gehen, mit der Hilfe des rein Materiellen.

---

[36] FREUD, Sigmund, *Das Unheimliche*, a.a.O., S. 28
[37] TIECK, Ludwig, *Franz Sternbalds Wanderungen*. In: L.T.: *Frühe Erzählungen und Romane*, hg. von Marianne Thalmann, München 1963. S. 720.

4.5 Schlemihls Schattenlosigkeit

Schlemihl verkauft seinen Schatten und gleich danach empfindet er die Erde „sonnenhell" (S. 23): er glaubt, sich an der Sonnenseite des Lebens zu befinden. Bald wird er aber mit den Folgen des Schattenverlustes konfrontiert: seine Umgebung reagiert - angefangen von Mitleid bis zur Verachtung - unmittelbar auf das Fehlen des Schattens, und so wird er zum Außenseiter der Gesellschaft gestempelt: er ist jetzt in einer tieferen Weise als vorher von den Menschen abgesondert. „Die soziale Priviligierungs- und Schutzfunktion des Geldes wird durch die Einbuße des Schattens neutralisiert"[38], heißt es in Heßlings Interpretation.

Schlemihl versucht trotzdem, im Geld Kompensation für seine Schattenlosigkeit zu finden: „scheinbar mühelos streift er sein altes, bescheidenes kleines Ich ab und schlüpft in die verführerische Maske des reichen Nabob, der das Geld unter die Leute streut, um sich ihre Achtung und Zuneigung zu erkaufen"[39]. Er hat aber die Möglichkeit der Selbstverwirklichung verspielt: ohne den Schatten ist er nicht mehr er selbst. Das kennzeichnet auch, daß er zuerst für den inkognito reisenden preußischen König und dann für den Grafen Peter gehalten wird. Schlemihl trägt also eine Maske: er muß eine fremde Rolle spielen, um einigermaßen mit seiner Umgebung im Kontakt bleiben zu können.

---

[38] HESSLING, Rüdiger, *Soziale und interkulturelle Aspekte des Motivs vom verlorenen Schatten in ADELBERT VON CHAMISSOs Novelle „Peter Schlemihls wundersame Geschichte"*, in: Das Wort 9, 1994. S. 141-142.

[39] HILDENBROCK, Aglaja, *Das andere Ich. Künstlicher Mensch und Doppelgänger in der deutsch- und englischsprachigen Literatur*, a.a.O., S. 239.

In einem Traum sieht Schlemihl Chamisso in seinem Arbeitszimmer tot. Er betrachtet seinen Freund hinter einer Glastür und sieht ihn an seinem Arbeitstisch „zwischen einem Skelett und einem Bunde getrockneter Pflanzen sitzen", vor dem Toten „Haller, Humboldt und Linné aufgeschlagen" (S. 25) und auf dem Sofa liegen ein Band Goethes und der „Zauberring". Lübbe-Grothus meint, der Träumende sehe „in Chamisso sein besseres Menschsein inmitten einsam-arbeitsamer Forschertätigkeit gestorben"[40]. Die Analyse von Winfried Freund betrachtet in diesem Traum den Freund Chamisso als Brücke zur Gesellschaft, und sein Tod signalisiert demnach für Schlemihl die Unmöglichkeit, einen Kontakt zur Umwelt zu knüpfen.

Bis zu dem Zeitpunkt, da man nicht wahrnehmen kann, daß der Protagonist keinen Schatten wirft, kann er sich ohne weiteres unter den Menschen wohl fühlen. Wenn aber seine Schattenlosigkeit bemerkt werden kann, zum Beispiel abends, wird sie auch gleich und von einem jeden bemerkt. Thomas Mann stellt die Frage: „Wenn mir in der Sonne ein Mensch begegnete, der keinen Schatten würfe, - würde es mir auffallen? Und wenn es mir wirklich auffiele, würde ich nicht einfach im stillen auf irgendwelche mir unbekannte optische Ursachen schließen, die die Entstehung eines Schlagschattens in diesem Falle zufällig verhindern?"[41].

Auch mir scheint die Reaktion der Mitmenschen übertrieben. Eine Erklärung für diese heftige Reaktion wäre, daß die Leute Schlemihl gleich des Bündnisses mit dem Teufel verdächtigen, das im „Normalfall" auch den Verlust seiner Seele bedeuten würde. Andererseits könnte die Abneigung der Menschen auch so interpretiert werden, daß sie sehr viel Wert auf den Schein legen:

---

[40] LÜBBE-GROTHUS, Grete: Chamisso: *Peter Schlemihls wundersame Geschichte. Protokoll einer Arbeitsgemeinschat*, a.a.O., S. 304.
[41] MANN, Thomas, *Chamisso*. In: *Gesammelte Werke* a.a.O., S. 49.

Schlemihl hat schließlich seine Seele nicht verkauft, er hat sein moralisches Bewußtsein nicht aufgeopfert, „nur" einen wesentlichen Teil seines Ich.

Wie seine Umgebung charakterisiert werden kann, ob sie „besser" ist, als der Protagonist, soll im nächsten Kapitel untersucht werden.

4.6 Herr Johns Welt: Geld und Schein

Berndt Leistner bemerkt, daß Chamisso mit dem Motiv des Schattenverkaufs insofern „ins Schwarze traf [...], als mit ihm eine variations- und ausbaufähige poetische Chiffre gefunden worden war, für die im bürgerlichen Zeitalter, dem des Persönlichkeitszerfalls [...] eine ausgesprochene Empfänglichkeit bestand"[42]. Den historischen Hintergrund der Novelle bietet der Anfang des 19. Jahrhunderts, die Ablösung der feudalen Herrschaft durch die kapitalistische Marktwirtschaft, in der das Geld, wie oben schon angedeutet, eine wichtige Rolle in der Gesellschaft spielt. Chamisso selber äußerte sich über den funktionalen Primat des Geldes in seiner Zeit folgendermaßen (im Morgenblatt vom 3./4. Juni 1831):

> „Das Geld ist Macht und Herrlichkeit,
> Ein Freiherr Rotschild ist der Heros unsrer Zeit,
> Verderblich sind die Schuld nur und die Schulden.
>
> Das Geld schafft Frieden nur und Krieg
> Das Geld, das liebe Geld bedingt allein den Sieg,
> Dem Schwert und Feder dienen sich gedulden." [43]

---

[42] LEISTNER, Bernd, *Chamisso und sein Mann ohne Schatten*, a.a.O., S. 85.
[43] Das Thema des Geldes und seiner entmenschlichenden Rolle erscheint oft in der romantischen Literatur. So z.B. in Hoffmanns *Klein Zaches*, in Balzacs *La peau de cha-*

Es mag auffallen, daß in dieser vom Geld beherrschten Welt Schlemihl der einzige ist, dem der Schatten abhanden gekommen ist, und der deswegen aus der Gesellschaft ausgeschlossen wurde. Es heißt aber nicht, daß er alleine der Sündige ist, und alle anderen tugendhaft leben.

Herr John ist zwar selbstzufrieden und mit sich selbst durchaus in Übereinstimmung, aber nicht weil er ein reiches Leben im Inneren führt, sondern weil er sein Gewissen los ist. Seine Persönlichkeit ist einseitig: er ist ein Geldbürger und sonst nichts. Er ist in seiner Welt, wo - ähnlich wie in den märchenhaften Wunderwelten - alle Bedürfnisse befriedigt werden, ein angesehener Mann. Der Teufel versucht Schlemihl die Lebensweisheit, laut derer auch Herr John lebt, folgenderweise beizubringen: „Ein reicher Mann, wie Sie, braucht einmal einen Schatten, das ist nicht anders, Sie sind nur darin zu tadeln, daß Sie es nicht früher eingesehen haben" (S. 63). Der Graue demonstriert seine Behauptung, als er ein verlockendes Spiel mit dem von Schlemihl leihweise überlassenen Schatten treibt, um zu zeigen, daß das Wichtigste in der Gesellschaft ist, äußerlich intakt zu erscheinen.

Wie es schon im vorigen Kapitel angedeutet wurde, reagieren Schlemihls Mitmenschen äußerst heftig auf die Schattenlosigkeit, und bilden sich eine negative Meinung über den Helden. Herr John hat dagegen keine Probleme vor den richtenden Blicken der Menschen, am Ende erfahren wir jedoch, daß er des Teufels ist: er steckt in der Tasche des Grauen, und als er „bei den

---

grin oder in Gogols Erzählung *Das Porträt*. In allen drei Werken ist die Folge der Geldsucht der Zerfall, mitunter sogar der Tod der Persönlichkeit.

Haaren hervorgezogen" (S. 66) Schlemihl von dem Teufel zögernd gezeigt wird, stellt sich heraus, daß er nach dem gerechten Urteil Gottes schließlich gerichtet und verdammt wird. Aus seinem Mund hören wir die folgenden Worte: „Justo judicio Dei judicatus sum; justo judicio Dei condemnatus sum" (S. 66).

Zur Scheinwelt des Herrn John gehört auch Rascal, Schlemihls Diener, der seinen Herren bestiehlt, und ihn am Ende verrät. Sein Name deutet bereits auf Unehrlichkeit und List hin (engl. `rascal` ist `unhonest`, d.h. unehrlich). Er hat einen Schatten, und dazu das gestohlene Geld, so ist es ihm sogar möglich, Mina zu heiraten. Der Vater des Mädchens äußert sich folgenderweise über Rascal: „nun wirbt ein Mann um dich, der die Sonne nicht scheut, ein geehrter Mann" (S. 56). Der Reichtum bringt aber Rascal kein Glück: zum Schluß erfahren wir, daß ein „unglücklicher Kriminalprozeß dem Herrn Rascal das Leben gekostet" (S. 72) habe. Er wird vom Erzähler mit Herrn John auch unmittelbar in Beziehung gesetzt, indem der Leser erfährt, daß er unter dem Namen des reichen Johns Ländereien gekauft hat.

Zusammenfassend kann anhand der Beispiele von Rascal und Herrn John festgehalten werden, daß der Schatten nach der öffentlichen Meinung eine wichtige Rolle spielt, und daß die Meinung der Menschen nicht immer richtig und mit dem Urteil Gottes im Einklang ist. Der Schein zählt in der Gesellschaft mehr als das Geld: „willst du unter den Menschen leben, so lerne verehren zuvörderst den Schatten, sodann das Geld" (S. 79) - gibt auch Schlemihl zum Rat.

4.7 Die Ambivalenz des Schattensymbols bei Chamisso

Der Schatten als Symbol kann also als ein ambivalentes Zeichen aufgefaßt werden: Schlemihl verliert mit seinem abhanden gekommenen Schatten etwas Wesentliches; innerhalb der Gesellschaft verkörpert der Schatten aber Scheinwerte. Als Chiffre für gesellschaftliche Normen gewinnt der Schatten eine negative Denotation: angesehene Leute, die einen Schatten haben, sind unehrlich, unmoralisch oder unmenschlich, und werden am Ende von Gott bestraft.

Auf die Doppelwertigkeit des Schattens macht auch Aglaja Hildenbrock aufmerksam: „Auffällig ist auch die Ambivalenz, mit der Chamisso dem Schatten gegenübersteht, der einerseits als des Menschen höchstes Gut geschildert wird, das in der Wertskala noch vor dem Geld rangiert, aber gerade durch diese Assoziation doch eine negative Konnotation bekommt: denn ist der Schatten damit nicht zugleich Symbol der Anpassung an die bürgerlichen Normen, die eigentlich lächerlich gemacht und bloßgestellt werden sollten?"[44]

Schlemihls Schatten hat eine positive Denotation: indem er verlorengeht und als zweites Ich etwas „mitnimmt", das vermißt wird, und wodurch sich Schlemihls Leben verändert. Der Mann ohne Schatten fühlt sich noch fremder in der Gesellschaft als vorher, betritt aber gleichzeitig den Weg der Selbsterkenntnis, wobei ihm das Leiden nicht erspart bleibt.

In diesem Zusammenhang wird der Schlagschatten zum Doppelgänger, ein Stückem seiner Identität. Das alte Ich trägt einen anderen Namen als zuvor: Schlemihl wird für den Grafen Peter gehalten, er trägt eine Maske, und führt ein einsames, isoliertes und gespaltenes Leben, indem er seine Schattenlosigkeit zu verheimlichen sucht.

---

[44] HILDENBROCK, Aglaja, *Das andere Ich. Künstlicher Mensch und Doppelgänger in der deutsch- und englischsprachigen Literatur*, a.a.O., S. 237.

Was für eine Folge die Konfrontation mit seinem fehlenden Ich - mit der Tatsache seiner Schattenlosigkeit - hat, wird im Kapitel 4.10 näher erläutert.

4.8 Mina und Bendel als Vertreter echter menschlicher Werte

Den Gegensatz zu Herrn Johns Welt bilden zwei Figuren in der Novelle: die Förstertochter Mina und Schlemihls treuer Diener Bendel. Bendels Name deutet bereits auf seinen Charakter hin: der „Anhängliche" teilt mit seinem Herren sogar den eigenen Schatten. Alles, was er tut, macht er aus Barmherzigkeit und - im Gegensatz zu Rascal - nicht für Geld: er wäre bereit, seinen Herren auch nach dessen Verarmung auf der Flucht zu begleiten. Sein Verhältnis zum Geld charakterisiert auch die Tatsache, daß er den Rest von Schlemihls Vermögen nicht für sich behält, sondern daraus das Schlemihlium gründet, wo die Leute ohne Gegenleistung geheilt werden. Er trifft ebenfalls eine christliche Entscheidung, als er sich für seinen schattenlosen Herrn entscheidet, obwohl er sich dadurch außerhalb der bürgerlichen Gesellschaftsmoral begibt. „Was die Welt auch meine, ich kann und werde um Schattens willen meinen gütigen Herrn nicht verlassen, ich werde *recht und nicht klug handeln*" (S. 31-32 - hervorgehoben von mir) - äußert sich Bendel und wird eher ein Freund seines Herrn als sein Diener.

Bendel handelt aus selbstloser Liebe, und stellt dadurch alleine - als Nichtbürger - das rein Menschliche in der Novelle dar. Er spielt also eine gewichtige Rolle, die auch im Vergleich mit Rascal deutlich wird: die Untreue, die Geldsucht, das eigennützige Geltungsstreben führen im Falle Rascals in eine Sackgasse; der Altruismus, das Gemeinschaftsgefühl können dagegen in eine tragfähige Zukunft führen.

Die Geliebte Schlemihls lebt in einer Familie, die in solider bürgerlicher Ordnung gesichert ist. Der gute, liebenswürdige Vater schätzt Schlemihl hoch,

hoch, bis sich herausstellt, daß er keinen Schatten hat. Dann wird er zum Schlemihls ablehnenden Verächter, ist also unfähig, genauso wie Minas Mutter, diesen unmittelbar in seinem Leid zu sehen, und mitzuempfinden. Die Beschränktheit des Menschlichen zeigt sich im Falle von Minas Eltern, da sie in Rascal den unehrlichen Betrüger und Verräter nicht sehen.

Mina versteht Schlemihl, und ahnt sein Verhängnis schon bevor sie von der Schattenlosigkeit ihres Geliebten erfährt. „Sie liebte wie ein Weib, ganz hin sich opfernd" (S. 40) - schreibt Schlemihl in seinem Manuskript, nennt Mina einen Engel und gesteht ihr: „Du hast mich Dich lieben gelehrt" (S. 41). Mina verkörpert anfangs noch nicht die volle Hingabe: sie fügt sich der Entscheidung ihres Vaters, nachdem Schlemihl seinen Versprechen nicht halten, d.h. seinen Schatten nicht zurückbekommen kann.

Minas Weg führt sie nach dem Tode ihres Gatten Rascal an die Seite Bendels. Sie kann sich also aus der Enge ihrer Familie befreien, führt ein ruhiges Leben zum Nutzen der Gemeinschaft, und pflegt die Kranken des Schlemihliums. Sie selber formuliert es so: „seit ich meinen langen Traum ausgeträumt habe und in mir selber erwacht bin, geht es mir wohl" (S. 76).

Schlemihl hat sowohl zu Mina als auch zu Bendel eine innige Beziehung - sie sind sogar die einzigen, zu denen er überhaupt Kontakt hat. Daß er die Freundschaft bzw. Liebe der beiden Personen verdient und erwidern kann, zeigt auch, daß er, obwohl schattenlos, nicht ohne Seele ist. Er hat Gewissensbisse Mina gegenüber - „diesen Engel verderbend" - und das signalisiert, daß er sein moralisches Bewußtsein nicht verloren hat. Er will, daß weder Mina noch Bendel ihm in sein Unglück folgen - das ist auch ein Beweis dafür, daß er nicht egoistisch handelt.

Im nächsten Kapitel wird gezeigt, das Schlemihl nicht des Teufels ist: nach dem zweiten Treffen mit dem Grauen behält er ja seine Seele, es kommt also nicht zum Teufelspakt.

4.9 Der eigentliche Teufelspakt

Im fünften und sechsten Abschnitt der Novelle versucht der Teufel den zweiten Pakt mit Schlemihl zu schließen. Der Graue schlägt Schlemihl einen neuen Handel vor, durch den er seinen Schatten - und so seine Geliebte - für seine Seele zurückbekommen könnte.

Die *Faust*-Reminiszenz ist in mehreren Stellen spürbar: die tragische Liebe eines einfachen, reinen Mädchens zum Teufelsbündler erinnert an die Gretchen-Episode bei Goethe, und der Versappell an den alten Freund Schlemihl bildet eine strukturelle Analogie zur Widmung in Goethes Werk. Schlemihl betritt einen ähnlichen Weg, wie Faust (oder Wilhelm Meister): er führt aus der „kleinen Welt" der persönlichen Bestrebungen und des privaten Glücks zum gesellschaftlichen und menschlichen Dienen und dadurch zur Ablehnung der Selbstsucht.

Jedoch gibt es einen wesentlichen Unterschied zu den herkömmlichen Verwendungen des Teufelspaktmotivs. „Der Teufelspakt, der bei Goethe noch Seele und gesellschaftliche Macht gleichermaßen umfaßt, wird bei Chamisso zerteilt. Der Teufel kann sich zwar der horizontalen (gesellschaftlichen) Beziehungen des Menschen bemächtigen (Schatten), nicht aber der vertikalen zu Gott (Seele)"[45] - meint Klaus F. Gille. Bei Chamisso verkauft der Protagonist nicht von vornherein seine Seele für irdische Güter, er verliert im ersten Schritt leichtsinnig seinen Schatten, seinen Doppelgänger, dessen Fehlen die wirkliche Selbsterfüllung im Rahmen der bürgerlichen Gesellschaft verhindert.

---

[45] GILLE, Klaus F., *Der Schatten des Peter Schlemihl*, in: Der Deutschunterricht 39, 1987. S. 81.

Peter Schlemihl trifft eine nicht gut durchdachte Entscheidung, indem er nicht in den zweiten Pakt einwilligt - genauso wie beim Eingehen des ersten Paktes. Nicht die Furcht vor der Hölle hält ihn zurück - obwohl er über das Schicksal Herr Johns bereits wußte -, sondern er empfindet eher Abneigung und Ekel. Mit dem Grauen unter der Tarnkappe sitzend wird Peter zum Äußersten versucht. Er kann nämlich heimlich zuschauen, wie Mina leidet, und daß sie ihre Hand Rascal geben muß. Trotzdem denkt er keinen Augenblick daran, den Teufelspakt zu vollenden. Er fühlt sich „zweifach geteilt zwischen der Verführung und dem strengen Willen" (S. 65) - verfügt also über einen festen Willen, was ihn vorher nicht charakterisierte. Er fällt in Ohnmacht, als es zum Unterschreiben kommt und damit ist er gerettet.

Nachdem Schlemihl kurz darauf noch einmal den Teufel getroffen hat, ist er bereits fest überzeugt: „Dieses aber stand bei mir fest, nachdem ich meine Liebe hingeopfert, nachdem mir das Leben verblaßt war, wollt ich meine Seele nicht, sei es um alle Schatten der Welt, dieser Kreatur verschreiben" (S. 64). Das Glückssäckel verbindet noch Schlemihl mit dem Teufel, aber während der letzten, entscheidenden Begegnung wirft er das Säckel weg, und beginnt ein Leben ohne Schatten und ohne Geld. Er macht sich auf den Weg, einsam, da er nicht will, daß der unschuldige Bendel sein Schicksal an das seine bindet.

4.10 Schlemihls Versöhnung mit seinem Schicksal - der Weg in die soziale Isolation

„Ich hatte weiter auf Erden kein Ziel, keinen Wunsch, keine Hoffnung" (S. 61) - beschreibt Schlemihl seine Situation nach der Flucht aus der Gesellschaft. Er erkennt aber gleichzeitig, daß er durch das Loslösen vom Teufel erleichtert ist: „ein schweres Gewicht war von meiner Brust genommen, ich war heiter (S. 67)". Er nennt sich beinahe glücklich, die verlorene Liebe schmerzt ihn jedoch.

Seine Heiterkeit hört aber auf, als er einen freundlichen, alten Bauer trifft, der nach einer Zeit merkt, daß Schlemihl keinen Schatten wirft, und ihn bald verläßt, nachdem er festgestellt hat: „keinen Schatten, das ist bös!" (S. 69). In dieser Szene zeigt sich, daß Schlemihl nicht nur in der bürgerlichen Gesellschaft, sondern im allgemeinen unter den Menschen fremd und ausgestoßen ist. Er selber fühlt sich auch „durch frühe Schuld aus der *menschlichen* Gesellschaft ausgeschlossen" (S. 71 - von mir kursiv gesetzt).

Auf der anderen Seite trägt diese Begegnung mit dem Bauer zur Vielseitigkeit des Schattenmotivs bei. Für den Bauer bedeutet die Schattenlosigkeit etwas Schlimmes - obwohl Peter eine böse Krankheit als Grund dafür nennt -, aber unter dem Volk, in einer Welt, in der das Geld nicht der zentrale Wert ist, und der Schein auch eine geringere Rolle spielt, kann das Fehlen des Schattens nicht das Gleiche bedeuten, wie unter den Stadtbürgern. Der Alte assoziiert, wahrscheinlich vom Volksglauben ausgehend, von der Schattenlosigkeit eher auf den Verlust von einem Teil der Persönlichkeit, oder meint sogar, daß sein Begleiter des Teufels ist.

Durch die völlige Isolation hat Schlemihl Zeit und Möglichkeit zur Selbstbeobachtung und Reflexion. Er folgt seiner inneren Stimme, und beginnt im Dienst der Wissenschaft mit dem Botanisieren und Erforschen der Natur. Dabei sind ihm die Siebenmeilenstiefel behilflich: im Raum hat er unbeschränkte Möglichkeiten. Seine neue Position ermöglicht ihm „seinen Lebensweg seit dem Schattentausch zu interpretieren (zu verarbeiten)"[46]. Er findet wieder zu seinem besserem Selbst, das er, in Gestalt Chamissos, in seinem früheren

---

[46] ebenda

Traum tot sah: er widmet sich einer intellektuellen, wissenschaftlichen Tätigkeit, genauso wie er sich seinen Freund bzw. symbolisch sein besseres Selbst im Traum vorgestellt hat. Dabei findet er auch einen Ausweg aus den gesellschaftlichen Zwängen und Scheinwerten.

Die Spaltung seines Ich in Graf Peter und Schatten bzw. die Konfrontation mit dieser Gespaltenheit führen ihn zum Prozeß der Selbsterkenntnis und der Bewußtwerdung. Paul Neumarkt sieht - anknüpfend an die Gedanken von C. G. Jung - in der Geschichte Schlemihls den Prozeß seiner Bewußtseinsbildung: „Schlemihl braucht den grauen Mann nicht mehr, um ein gelebtes Leben zu führen, oder seine Unzufriedenheit mit fremder Hilfe zu überwinden"[47]. Er wird zu einer reifen Persönlichkeit und lebt in Harmonie mit sich selbst.

Schlemihl bekommt jedoch seinen Schatten nicht mehr zurück - symbolisch gibt es also keine Vereinigung der beiden Ich. Meiner Meinung nach ist auch dies verständlich, eben wegen der Ambivalenz des Schattensymbols. Der Schatten verkörpert auf der einen Seite die Scheinwerte, ohne die man, wenn auch isoliert, ein erfülltes Leben führen kann; andererseits ist der Schattenverlust ein Vorzeichen, eine Art Mahnung: wer seinen Schatten - im ersten Schritt - dem Teufel verkauft, dem kann es geschehen, daß er endlich seine Seele verliert. Schlemihl macht noch rechtzeitig halt, muß aber für seinen ersten Schritt büßen.

---

[47] „In conclusion it should be noted that as soon as the hero is able to shed light on the particular problems plaguing him, the `Man in Grey` disappears." In: NEUMARKT, Paul, Chamissos Peter Schlemihl. A literary approach in terms of analytical psychology, in: Literature and Psychology 17, 1967. S. 126.

Fraglich ist zuletzt, ob es ein wahres menschliches Glück und eine wirkliche Lebenserfüllung in der Situation der totalen Beziehungslosigkeit geben kann. Schlemihl erscheint - obwohl nicht aus freiem Willen - ein einziges Mal unter den Menschen, als er verletzt wird und in Ohnmacht fällt. Er findet sich dann im Schlemihlium, einem Hospital, das Bendel für in Not befindliche Menschen aus dem Rest des Geldes gegründet hat, und das jetzt Schlemihls Namen trägt. Das Wort Schlemihlium hat hier eine doppelte Bedeutung: Stiftung Schlemihls für andere „Schlemihle", denen zugute kommt, was dem Helden versagt geblieben ist.

Nicht nur durch diese Stiftung, sondern auch durch seine Tätigkeit hat Schlemihl, wenn auch nur indirekt, Kontakt zu den Menschen: „Ich habe, so weit meine Stiefel gereicht, die Erde, ihre Gestaltung, ihre Höhen, ihre Temperatur, ihre Atmosphäre in ihrem Wechsel, die Erscheinungen ihrer magnetischen Kraft, das Leben auf ihr besonders im Pflanzenreiche gründlicher kennengelernt als vor mir irgendein Mensch. Ich habe die Tatsachen mit möglichster Genauigkeit in klarer Ordnung aufgestellt in mehreren Werken, meine Folgerungen und Ansichten flüchtig in einigen Abhandlungen niedergelegt. [...] Ich arbeite jetzt fleißig an meiner Fauna. Ich werde Sorge tragen, daß vor meinem Tode meine Manuskripte bei der Berliner Universität niedergelegt werden" (S. 78) - berichtet Schlemihl seinem Freund am Ende der Novelle.

Mit dem Freund hat er auch insofern Kontakt, als er seine Beichte niederschreibt, und ihm Ratschläge aus der eigenen Erfahrung gibt. Im übrigen hat man das Gefühl, daß Schlemihl keine richtigen Beziehungen zu den Menschen braucht. Es wäre ja durchaus vorstellbar, daß er im Schlemihlium mit Bendel und Mina weiterlebt, wo seine Schattenlosigkeit keine Probleme mehr verursachen würde. Er ist aber allzu resigniert, und schreibt folgende Worte an Mina und Bendel, die ihn als Verfasser des Briefes nicht erkannt haben:

„Eurem alten Freunde ergeht es nun besser als damals, und büßet er, so ist es Buße der Versöhnung" (S. 77).

4.11 Parallelen zur Adelberts Fabel

Als Zusammenfassung der Schattenproblematik in *Peter Schlemihls wundersamen Geschichte* möchte ich noch Chamissos *Adelberts Fabel*, eine kleine Geschichte erwähnen, die 1806, d.h. sieben Jahre vor dem *Schlemihl* entstanden ist. Mein Ziel dabei ist nicht, eine programmatisch-didaktische Absicht des Autors aus der Fabel abzuleiten - diese ist ja in der Forschung auch nicht bewiesen. Vielmehr möchte ich mit der Darstellung des Inhalts und der darin ausgesprochenen Lebensweisheit zeigen, daß es auch anhand dieser kurzen Geschichte berechtigt ist, das Symbol des Schattens bei Chamisso als die eine Seite der Einheit zu betrachten, ohne den die Persönlichkeit nicht mehr unteilbar und harmonisch erscheint.

Der Titel *Adelberts Fabel* weist einen bewußt autobiographischen Charakter auf: der Protagonist heißt Adelbert, der nach einer langen Wanderung vom Schlaf überwältigt wird. Als er wach wird, erscheint ihm eine unheimlich schöne Frauengestalt, die eine Locke von seinem Haupte gegen eine Strähne ihres nachtschwarzen Haares tauscht, und ihm einen Ring übergibt, bevor sie verschwindet. Adelbert folgt der Entschwundenen, wobei ihn das Zauberwort „Wollen", das er auf dem Ring findet, beflügelt. Sein Weg führt in eine verborgene Grotte, wo er Frauengestalten erblickt, die paarweise das Schicksal der Menschen weben. Adelbert entdeckt auch die beiden Frauen, die sein eigenes Schicksal weben. Sie stellen ihn vor die eigene Schicksalsfrage, indem sie sich folgendermaßen äußern: „Licht blickend jene, und diese Finsternis".

Adelbert antwortet selbstsicher, indem er behauptet, er werde die Finsternis vermeiden können. Von einem Alten wird er aber eines Besseren belehrt, auf dessen Stirnband er das zweite Zauberwort erkennt, das Weltgesetz der „Notwendigkeit", dem sich alles menschliche Wollen fügen muß. Er erblickt neben dem Alten auf dem Altar die eigene Locke mit der der unirdischen Schönheit vereint, und aus seinem Ring strahlt als Botschaft die höchste Weisheit entgegen: das Zauberwort „zusammen". Zusammen muß man beide Pole, das Licht mit dem Schatten wollen, die erst zusammen das ganze und unteilbare Leben ergeben.

Diese Lebensweisheit kann mit der Schlemihlgeschichte in Zusammenhang gebracht werden: Peters Vergehen besteht darin, „daß er das Licht ohne Schatten und damit das Leben zu einem Preis kaufen will, zu dem es nicht feil ist"[48]. Mit dem Verkauf seines Schattens erhofft er sich, nur die „Sonnenseite" des Lebens zu genießen, aber dafür muß er den einen Teil seines Ich opfern.

4.12 Aufklärerische, romantische und realistische Züge der Novelle

Die meisten Interpreten betrachten Chamisso als Autor zwischen Romantik und Realismus, und zeigen dementsprechend auch in der Schlemihlgeschichte romantische und realistische Zügen vor. Mark Bent weist aber in seiner Abhandlung zuerst auf die aufklärerischen Grundlagen des Werkes hin. Auch meiner Meinung nach enthält die Geschichte Elemente, die denen der sog. conte philosophique, der philosophischen Erzählung ähnlich sind. So steht in der Mitte der Ereignisse der Naturmensch, der von den unvollkommenen gesellschaftlichen Bedingungen verdorben ist, aber im Laufe der „Proben" seine Bestimmung erkennt.

---

[48] LOEB, Ernst: *Symbol und Wirklichkeit des Schattens in Chamissos "Peter Schlemihl"*, a.a.O., S. 403.

Während der Entwicklung des Helden werden auch soziale und moralische Probleme angesprochen und dargestellt - ein weiterer Charakterzug aufklärerischer Schriften. Die Beschäftigung mit dem Thema des Weltbösen taucht bei Chamissso ebenfalls auf: „Das achte Kapitel ist fast gänzlich als Gespräch über das Weltböse gebaut"[49]- stellt Mark Bent fest.

Die zentralen Episoden sind jedoch durch das romantische Gefühl charakterisiert. Schlemihl gibt sich als eine gefühlsbetonte, empfindsame Natur: er weint oft und heftig, ängstigt sich, verfällt bald in Schwermut, bald in Euphorie, und fällt mehrmals in Ohnmacht. Seine Liebe zu Mina weist ebenfalls romantische Züge auf: die Geliebte verkörpert poetischen Gehalt innerhalb der trivialen und philisterhaften Alltäglichkeit.

Schlemihl neigt im Laufe der Geschichte immer stärker zu Reflexionen und Selbstbetrachtung: er beobachtet und analysiert nicht nur sein eigenes Benehmen, sondern auch das Verhalten seiner Umgebung, und er entpuppt sich am Ende als einsamer, romantischer Wanderer, der mit seinem inneren Leben im Einklang ist.

Auch die märchenhaften Elemente (Fortunatis Glücksäckel, Vogelnest, Siebenmeilenstiefel) sind als Utensilien romantischer Geschichten zu betrachten. Das Märchenhafte (Teufelskunststücke) tritt aber zum ersten Mal innerhalb einer mit realistischen Zügen dargestellten Gesellschaft auf. „Die märchenhaften Utensilien werden [...] einfach als noch nicht erforschte, aber dem Be-

---

[49] BENT, Mark, *Das Gattungsrepertoire in der Schlemihlgeschichte A. von Chamissos*, in: Das Wort 7, 1992. S. 126.

reich de Empirie und ihren Gesetzen unterstellte Phänomene betrachtet"[50] - meint E. F. Hoffmann, und bezieht sich auf die Szene, in der Schlemihl im Laufe der Geschichte einem scheinbar herrenlosen Schatten begegnet, und ihn jagt, wobei er einen erst etwas später sichtbar werdenden Mann erblickt. Gleich darauf erkennt er: „Der Mann mußte das unsichtbare Vogelnest, welches den, der es hält, nicht aber seinen Schatten, unsichtbar macht, erst getragen, und jetzt weggeworfen haben." (S. 52). Durch die geistige Haltung der Naturwissenschaftler erscheint die Geschichte als Bericht von Vorfällen, „die zwar auffallender als das tägliche Geschehen, aber ebenso wie alles andere erforschbar und im selben Maße und auf dieselbe Weise kontrollierbar sind"[51] - zieht E. F. Hoffmann sein Fazit.

Chamissos Erzählung ist dem Denken in den Kategorien der Realität durchaus zugänglich. Die Figuren verhalten sich soziologisch und psychologisch gesehen glaubwürdig, und die autobiographischen Züge unterstützen noch stärker das realistische Gepräge der Geschichte. Der Erzähler ist eine wahrhaftige Person - das bestätigen auch die drei Schreiber der einleitenden Briefe, die Schlemihl persönlich gekannt haben.

4.13 Die literarische Rezeption

Chamissos Novelle hat zahlreiche Werke inspiriert: sie hat Fortsetzungen, Nachahmungen, Bearbeitungen und Reminiszenzen hervorgerufen. Viele der

---

[50] HOFFMANN, Ernst Fedor, *Spiegelbild und Schatten. Zur Behandlung ähnlicher Motive bei Brentano, Hoffmann und Chamisso,* in: *Lebendige Form. Interpretationen zur deutschen Literatur.* München 1970. S. 184.

[51] ebenda

Schlemihliana sind aber zweit- oder drittrangig - schon aus diesem Grund möchte ich davon absehen, die Rezeptionsgeschichte der Novelle darzustellen, die ohnehin nur im Rahmen einer selbständigen Arbeit möglich wäre.

Ich möchte hier nur die zwei Aspekte der Schlemihlgeschichte erwähnen, die für die Bearbeiter und Nachahmer von besonderer Bedeutung waren; und danach einige betreffende Werke aufzählen.

Einige deutschsprachige Werke knüpfen sich an die Figur des Schlemihls selbst, die des Pechvogels, so H. Heines Gedicht *Jehuda ben Halevy* (1851), F. Th. Wangenheims Geschichte *Der Schlemihl* (1850), R. Schaukals drei Erzählungen *Schlemihle* (1908). Schlemihl wird auch als Symbol des zwischen zwei Nationen stehenden Heimatlosen dargestellt (D.Mendl, *Ein jüdischer Peter Schlemihl* - Erzählung aus 1864 oder J.G. Meyer, *Der neue Schlemihl* - 1905, Roman).

Vor allem das Motiv *Verkauf* inspirierte die Nachfolger. Der leichtsinnige Verkauf eines Bestandteils der Persönlichkeit taucht in vielen Varianten auf, und verursacht meistens Unglück. Der Verlust erscheint unter anderen als verkaufter Schlaf (M.G. Saphir, *Der verkaufte Schlaf*, Gedicht 1846), als verkaufter Magen oder Appetit (A. v. Ungern-Sternberg, *Die Erzählung des Dicken Herrn* 1847), als verkauftes Talent (A. v. Perfall, *Das verkaufte Genie*, Erz. 1900) oder als verkaufte Erinnerung (M. Jungnickel, *Gäste der Gasse*, Roman 1919).

Der Schattenverkauf fand in der Romantik großen Widerhall. Der Schatten wurde oft ersetzt, z.B. in W. Hauffs Märchen *Das steinerne Herz* (1828) oder in der bedeutendsten Verarbeitung des Schlemihlstoffes, in E.T.A. Hoffmanns Erzählung *Die Geschichte vom verlorenen Spiegelbild* (1815), welche chronologisch die erste Bearbeitung war, und die statt des Schattens das Motiv des Spiegelbildes verwendet hat. Hoffmanns Einfall wurde dann wieder übernommen, so von K.W. Contessa (*Das Schwert und die Schlangen*, Erz.

aus 1816) oder von F. Werfel *(Spiegelmensch*, Drama, 1920). Im nächsten Teil der Arbeit wird Hoffmanns Erzählung untersucht, wobei sowohl die Verwandtschaft zwischen dem Motiv des Schattens und dem des Spiegelbildes, als auch die inhaltliche Verknüpfung der beiden Werke erläutert werden.

5 E. T. A. Hoffmanns Doppelgänger

5.1 Einführung

Aus der Lebensgeschichte Hoffmanns bieten sich mehrere, vielzitierte Anhaltspunkte für Vorlieben des Doppelgängermotivs: so sein Doppelleben als Jurist und Autor, sein Leben als ständig in eine Andere verliebter Ehemann, seine Aussagen, wonach er sein Ich im „Vervielfältigungsglas" wahrnimmt oder die Tatsache, daß er oft Alkohol zu sich genommen hat. Da im weiteren der literarische Text der Ausgangspunkt sein wird, wird die Bedeutung dieser biographischen Hintergründe nicht näher betrachtet.

Aus dem gleichen Grund möchte ich die kollektive Bewußtseinslage der Epoche, in der Hoffmanns Werke entstanden sind, auch nur kurz erwähnen. So die massiven Verunsicherungen und Umwälzungen in der Geschichte, dem Geistesleben und in der philosophischen, gesellschaftlichen und politischen Wirklichkeit - z.B. die Nachwirkungen der französischen Revolution, der Darwinismus -, die zur Folge hatten, daß die Rolle des Unbewußten und des Innenlebens, bzw. die Verunsicherung des Einzelnen in der Literatur akzentuiert wurden. Die Dichter waren Sensoren der kollektiven Zustände, und so ist der Grund dafür leicht zu finden, warum Motive wie Doppelgänger, Spiegelbild, Teufelserscheinung etc., die eine Ich-Spaltung symbolisieren, so oft und verschiedenartig verwendet wurden.

E. T. A. Hoffmann wird immer wieder als Autor der zwei Wirklichkeiten und eines dualistischen Weltbildes, der Ich-Spaltung und der Selbsterkenntnis in der Fachliteratur vorgestellt, als einer der über ein tiefes Wissen bezüglich der Existenzfragen wie Identität des Menschen bzw. des Künstlers verfügte, und dabei auch einige Gedanken der Psychoanalyse vorwegnahm[52]. Das Motiv des Doppelgängers kommt in seinen Werken am häufigsten vor, nicht nur innerhalb der Romantik, sondern in der europäischen Literatur im allgemeinen.

Im nächsten Kapitel wird das Spiegelbild näher betrachtet, das einerseits als Projektionsfläche des Unheimlichen und dadurch als Symptom der Persönlichkeitsspaltung, andererseits als Doppelgänger in den Hoffmannschen Werken eine zentrale Rolle spielt.

5.2 Das Spiegelbild als Indiz der Ich-Spaltung

Das Spiegelbild ist ein uraltes Motiv: ihm wird, ähnlich wie dem Schatten in der animistischen Vorstellung der Naturvölker die Bedeutung der Seele[53] beigemessen. Es erscheint meist nicht als Abstraktion, sondern als Externalisierung der Seele, woraus folgt, daß das Spiegelbild als reale Instanz großen Gefahren ausgesetzt ist: wird ihm etwas angetan, so spürt dies das Urbild, als hätte man es verletzt oder vernichtet. So wird im Aberglauben vieler Völker das Zerbrechen eines Spiegels als im höchsten Maße unheilvoll betrachtet.

---

[52] Sigmund Freud hat Hoffmanns Erzählung *Der Sandmann* als Veranschaulichungsmaterial seiner Theorie des Unheimlichen gedient. S. Freud, *Gesammelte Werke*, a.a.O., 238-48.

[53] Karl Haberland bemerkt, daß einige nicht-zivilisierte Völker - so die Arowaken - in ihrer Sprache „nicht zwischen Begriffen *Schatten, Seele, Bild*" unterscheiden. S. HABERLAND, Karl, *Der Spiegel im Glauben und Brauch der Völker*, in: Zeitschrift für Völkerpsychologie und Sprachwissenschaft XII, 1882, S. 346.

Die Verwendung des Spiegelsymbols in der deutschen Literatur[54] war bis zum 18. Jahrhundert durch die Mystik bestimmt: der Spiegel ist dort Gleichnis der Menschenseele, die dem Göttlichen offensteht. Alles Geschaffene galt als Spiegel seines Schöpfers. Im Subjektivismus des 18. Jahrhunderts bereitete sich aber eine entscheidende Wandlung der Sinngebung vor: „jene im erwachenden Selbstbewußtsein wurzelnde fortschreitende Spaltung des Ich in beobachtendes Subjekt und betrachtendes Objekt"[55].

Dementsprechend ist im Glauben vieler Völker die Warnung verbreitet, sich nicht im Spiegel zu betrachten, da dieser eitel und oberflächlich mache. Der Erzähler *Der Geschichte vom verlorenen Spiegelbilde* meint auch, daß „Selbstbetrachtung zur Eitelkeit führe, und noch dazu ein solches Bild das eigne Ich spalte in Wahrheit und Traum"[56].

Im Spiegel wird das Ich doppelt gezeigt: man tritt sich selbst gegenüber und die menschliche Ursituation der Selbstbetrachtung wird dadurch ermöglicht. Damit entsteht eine Situation, in der der Mensch seinem Doppelgänger begegnen kann: das Spiegelbild erscheint als das andere Ich. Der Spiegel dient auch insofern der individuellen Bewußtwerdung, als er alles objektiv reflektiert und unbestechlich ist. Er zeigt sogar mehr in dem Sinne, daß er die Perspektive erweitert: man sieht vor dem Spiegel stehend auch jenen Teil seiner Umgebung, der sich hinter einem befindet. So kann sich dem Schauenden

---

[54] Zur ausführlichen Geschichte des Symbols von den Anfängen s. in A. Langens Artikel *Zur Geschichte des Spiegelsymbols in der deutschen Dichtung* in: A.L., *Gesammelte Studien*. Berlin 1978, S. 141-152.
[55] Langen a.a.O., S. 145
[56] HOFFMANN, E.T.A., *Die Abenteuer der Silvesternacht*. In: E.T.A. Hoffmann, *Fantasie- und Nachtstücke, Fantasiestücke in Callots Manier; Nachtstücke; Seltsame Leiden eines Theaterdirektors*, München 1971.S. 278.

auch manches Bedrohliche in dem Spiegel zeigen, das er ohne den Spiegel hätte nicht realisieren können.

Da der Spiegel alles objektiv reflektiert, zeigt er symbolisch auch die verborgenen Seiten des Ich, d.h. diejenigen Charakterzüge, über die man sich hinwegtäuscht: so kann das Spiegelbild dem Jungschen persönlichen Schatten gleichgesetzt werden.

Der Spiegel läßt das Ich sich selbst fremd und zugleich vertraut werden: er verdoppelt und spaltet es zugleich. „Der Spiegel und das Ich sind untrennbar, an den Spiegel knüpfen sich Ängste und freudige Erwartungen. Die intellektuelle Tätigkeit des Ich wird mit dem gleichen Begriff bezeichnet wie die Wirkung des Spiegels: Reflexion" - stellt Susanne Asche[57] fest.

Die Dichter der Romantik bedienen sich oft auch des Motivs des Zauberspiegels, in dem der Betrachter etwas anderes sieht als erwartet: es erzeugt entweder das Bild des Gewünschten oder des Gefürchteten.

Die magische Kraft des Spiegels äußert sich auch dadurch, daß er, in den Verfahren des animalischen Magnetismus, die vom Magnetiseur ausgehende nStröme verstärkt und weiterleitet - das kann Heil oder Unheil stiften. Auch im allgemeinen wird dem Spiegel bei Krankheiten heilkräftige Wirkung zugesprochen, weil der Spiegel alles „zurückwerfen" kann - weshalb es auch als Unglück angesehen wird, wenn Spiegel zerbrechen.

Da der Spiegel alles zurückwirft, lenkt er auch alles Böse ab, zum Beispiel von der Braut bei Hochzeiten, wenn er ihr vorgehalten wird. Die positive

---

[57] ASCHE, Susanne, *Die Liebe, der Tod und das Ich im Spiegel der Kunst. Die Funktion des Weiblichen in Schriften der Frühromantik und im erzählerischen Werk E.T.A. Hoffmanns*, Königstein 1985. S. 5.

Wirkung des Spiegels ist genauso in der Verbreitung von Spiegel-Amuletten von Indien bis Europa nachweisbar. Aber diese positiven, glückbringenden Seiten werden kaum literarisiert, und wenn doch, nicht mit zentraler, symbolischer Bedeutung.

Auch in den literarischen Texten des 19. Jahrhunderts, so bei Hoffmann oder Clemens Brentano[58] tauchen mit weit größerer Häufigkeit die dunklen, unglückverheißenden Momente des Spiegelmotivs auf. Im Zusammenhang damit bemerkt Helena Frenschkowsky: „Der Aspekt der Doppelung dessen, was bisher unhinterfragt als unteilbar, als einmalig galt und was nun ein beängstigendes Eigenleben gewinnt, wird zum Ausdruck einer für das neunzehnte Jahrhundert symptomatischen Verunsicherung."[59] Die Verunsicherung des Einzelnen führt dazu, daß die Identität etwas „Zweifaches" wird: es entsteht eine „Auseinandersetzung zwischen Eigen- und Fremdbestimmung, zwischen dem Selbstbild und jenem Bild, welches die Außenwelt von dem Individuum „zeichnet""[60].

Die Motive des Spiegels, des Spiegelbildes und der Spiegelung sind bei E.T.A. Hoffmann oft vorzufinden (*Das öde Haus, Der Sandmann, Abenteuer der Silvesternacht, Prinzessin Brambilla, Der goldene Topf*), in denen es sich, genauso wie in der Figur des Doppelgängers, der Komplex des Identitätsproblems manifestiert. Bei der Darstellung dominiert bei ihm - im Gegensatz zu Jean Paul - immer das psychologische Interesse über das philosophi-

---

[58] vgl. H.P. NEUREUTER, *Das Spiegelmotiv bei Clemens Brentano - Studie zum romantischen Ich-Bewußtsein*. Frankfurt am Main 1972.
[59] FRENSCHKOWSKY, Helena, *Phantasmagorien des Ich. Motive Spiegel und Porträt in der Literatur des 19. Jahrhunderts*, Frankfurt/M 1995. S.11.
[60] ebenda

sche. Im folgenden soll die Anwendung des Spiegelbildmotivs in Hoffmanns *Die Abenteuer der Silvesternacht* untersucht werden.

5.3 Die Abenteuer der Silvesternacht

Die Abenteuer der Silvesternacht ist 1815 im vierten Band der *Fantasiestücke in Callots Manier* erschienen. Die Erzählung besteht aus vier Kapiteln, die von einem „Vorwort des Herausgebers" und einem „Postskript des reisenden Enthusiasten" umrahmt sind, und enthält neben den märchenhaft-phantastischen Elementen auch realistische. Im ersten Kapitel berichtet der Enthusiast (der Erzähler) vom Wiedersehen mit Julie auf einer Teegesellschaft; im zweiten vom Zusammentreffen mit Peter Schlemihl und dem spiegelbildlosen Erasmus Spikher; im dritten von seinem Traum und die vierte Geschichte, eine märchenähnliche Binnenerzählung ist *Die Geschichte vom verlorenen Spiegelbild*, die in der dritten Person erzählt wird, obwohl es sich um eine autobiographische Schrift von Spikher, dem Haupthelden handelt.

In dieser Arbeit fällt die Betonung bei der Interpretation auf das vierte Kapitel der *Abenteuer*. Die anderen Kapitel werden jedoch ebenfalls herangezogen, weil die drei Gestalten (Schlemihl, Spikher und der Enthusiast) ein ähnliches Problem haben, und die Parallelen, aber auch die Gegensätze der vier Teile strukturell wichtig sind; außerdem kommt das Motiv des Spiegels bzw. der Spiegelung mehrfach in der ganzen Geschichte vor.

5.4 Die Figur des Enthusiasten

Viele Figuren von Hoffmann sind Künstler, Enthusiasten oder Wahnsinnige, das heißt: die Gestalten sind äußerst empfindlich in der Wahrnehmung und deswegen auch mehr gefährdet, als diejenigen, die den Regeln des normalen bürgerlichen Lebens folgen.

In der Interpretation von Ernst Michael Stiegler wird der Enthusiast als Erzähler der Abenteuer gewählt, weil sich ihm „das Abenteuerliche und Zufällige" öffnet, da er mit ganz intensiver Erlebnisbereitschaft der Außenwelt begegnet[61]. Durch seine Augen erfährt der Leser von Figuren, die genauso empfindlich und innerlich unruhig sind wie der Erzähler: alle Hauptgestalten der *Abenteuer* sind notorisch Reisende, Außenseiter, auf der Flucht vor den Menschen und auf der Suche nach ihrer Ganzheit.

Im ersten Kapitel wird davon berichtet, wie der Enthusiast am Silvesterabend seine ehemalige Geliebte, Julie wiedertrifft, die inzwischen die Frau des Justizrates ist, und so werden die poetischen Träume des Enthusiasten endgültig vernichtet. Über Julie wird ein doppeltes Bild vermittelt: einmal sieht sie der Enthusiast „kindlich und fromm"[62] (S. 260), ein anderes Mal regt sich „etwas Entsetzliches, Grauenvolles" in ihm, als er Julie anblickt, deren „engelschönes, jugendlich anmutiges Gesicht verzerrt zum höhnenden Spott" (S. 259). Diese ambivalente Erscheinung deutet auf das gespaltene Ich des Erzählers hin: Julie wird „einmal in der Perspektive der verklärenden Projektion seines inneren Bildes wahrgenommen [...], ein andermal als reale, eigenständige Wirklichkeit"[63]. Im nächsten Absatz wird gezeigt, in wieweit diese Zerris-

---

[61] STIEGLER, Ernst Michael: *Das Ich im Spiegel der Kunst und der Wirklichkeit. Eine Studie zum anthropologischen Verständnis E.T.A. Hoffmanns*, Frankfurt/M 1988. S. 157.

[62] Alle Zitate aus *Abenteuer der Silvesternacht* entstammen aus E.T.A. Hoffmann: *Fantasie- und Nachtstücke. Fantasiestücke in Callots Manier; Nachtstücke; Seltsame Leiden eines Theaterdirektors.*
München, 1971. Die beigefügten Ziffern beziehen sich jeweils auf die Seitenzahl.

[63] FRENSCHKOWSKY, Helena, *Phantasmagorien des Ich. Motive Spiegel und Porträt in der Literatur des 19. Jahrhunderts*, a.a.O. S. 160.

senheit des Ich, aber auch die Figur der Geliebten, eine Verwandtschaft zwischen dem Erzähler und Erasmus Spikher erzeugt.

5.5 Die Geschichte vom verlorenen Spiegelbild

Die Geschichte wird, wie oben schon erwähnt, in der dritten Person erzählt, obwohl von Hoffmann deutlich gemacht wird, daß Erasmus der Erzähler ist. Helena Frenschkowsky stellt in diesem Zusammenhang fest, daß die dritte Person symbolisch zu verstehen ist, und „die buchstäbliche Unfähigkeit zum „Ich""[64] signalisiert. Es wird ja berichtet, wie das abhanden gekommene Spiegelbild Spikhers zum abgespaltenen Doppelgänger wird.

Das alles geschieht in Italien, in Florenz, da der Maler Erasmus Spikher (sein Name assoziiert den Humanistennamen) seinen alten Wunsch erfüllt und für eine Weile nach Italien reist. Hier greift Hoffmann auf die allgemeinromantische Entgegensetzung von Norden und Süden[65] zurück: „das Warme Welschland" kontrastiert mit der Kälte der Berliner Silvesternacht und derjenigen - laut der Italienerin: „du kalter, kalter Teutscher!" - des Erasmus. Hans Schu-

---

[64] FRENSCHKOWSKY, Helena, *Phantasmagorien des Ich. Motive Spiegel und Porträt in der Literatur des 19. Jahrhunderts*, a.a.O. S. 129.

[65] Zum Italienbild Hoffmanns ist zu bemerken, daß der Autor selber nie in Italien war, und so ist das Bild Italiens eher Produkt seiner Phantasie bzw. eine „Gemeinschaftsleistung" auf Anregungen der Frühromantiker hin. S. SCHUHMACHER, Hans, *Der Italiener als Doppelgänger des Deutschen. Zu E.T.A. Hoffmanns Italien-Mythos*, in: Cantarutti, Giulia - Schuhmacher, Hans (Hg.): *Germania - Romania*. Frankfurt am Main usw. 1990S. 172 ff.

macher führt diese Kälte nicht nur auf das Klima zurück: sie ist auch „der repressiven Gewalt des deutschen Philisteriums"[66] zu verdanken.

Erasmus lernt während seiner Reise junge Männer kennen (er selber ist 27 Jahre alt), und als die Gesellschaft der jungen Männer ein Fest in Florenz veranstaltet, ist Spikher der einzige, der ohne eine „Donna" erscheint, weil er seine Frau, die „liebe, fromme Hausfrau" (S. 269) nicht betrügen möchte. Bald schließt sich aber Giulietta, die Schönste der anwesenden Frauen der Gesellschaft an und reicht einen Pokal dem trübsinnigen Erasmus. Nachdem er den Inhalt des Pokals getrunken hat, beginnt er Giulietta anzuhimmeln, nennt sie ein „Engelsbild", und sagt zu ihr: „Dich habe ich geschaut in meinen Träumen, du bist mein Glück, meine Seligkeit, mein höheres Leben! ... nur du will ich sein!" (S. 271).

Auf einmal vergißt Erasmus sein altes Leben und als ihn sein Freund Friedrich an die fromme Gattin und seinen Sohn erinnert, kann er sich auch nicht von Giulietta trennen, obwohl ihn „gräßliche Ahnungen ergreifen" (S. 272). Ein besonderer Blick Giuliettas schreckt ihn auch ab und zu aus seinem „Sonnenleben" auf; dazu kommt noch die Gestalt des Wunderdoktors Dapertutto (von it. `überall'), der den Teufel verkörpert. Friedrich teilt Erasmus mit, daß die geliebte Frau eine „der schlauesten Kurtisanen" (S. 273) ist. Spikher kann sich aber nicht von der Macht Giuliettas befreien, und als ein Fest gefeiert wird, tötet er einen Italiener aus Eifersucht. Der Mord hat zur Folge, daß Erasmus sich von seiner Geliebten trennen, und aus Italien fliehen muß. Sie bittet ihn darum, daß er sein Spiegelbild hinterläßt, sein „Traumich", das die Italienerin als „unstetes Bild" bezeichnet. Der Maler zögert zuerst, über-

---

[66] SCHUHMACHER, Hans, *Der Italiener als Doppelgänger des Deutschen. Zu E.T.A. Hoffmanns Italien-Mythos*, a.a.O., S. 174.

gibt aber am Ende sein Spiegelbild. Giulietta verschwindet mit einem Mal aus dem Raum und man hört „häßliche Stimmen in teuflischem Hohn" (S. 275) spotten.

Giulietta, die „Engelsschönheit" wird also mit dem Teufel in Zusammenhang gesetzt (das Wort „Teufel" kommt fünfmal im IV. Kapitel der Erzählung vor) - das unterstreicht auch ihre gute Bekanntschaft mit Signor Dapertutto, der ihr - laut der Behauptung Friedrichs - „seine Wunderessenzen verkauft".

Aus den Geschehnissen wird deutlich, daß die Figur Giuliettas genauso ambivalent ist, wie die von Julie, der bürgerlichen Variante der Italienerin im ersten Kapitel. (Der Kontrast zwischen den beiden „Traumfrauen" und der frommen Hausfrau von Spikher wird im nächsten Kapitel deutlich.)

Bevor Spikher mit der Hilfe Friedrichs aus Italien flieht, begegnet er noch einmal Dapertutto, der ihm eine Möglichkeit zum Bleiben anbietet: dazu sollte er einige „Operationen" an seinem Spiegelbild vornehmen, damit Erasmus ein anderes Gesicht besitzt, und nicht mehr erkannt wird. Dieses Angebot des Wunderdoktors deutet auch darauf hin, daß das Spiegelbild ein wichtiger Teil des Ich ist, wenn durch die Manipulation desselben das Originalbild verändert werden kann.

Wie wichtig das Spiegelbild unter den Menschen ist, merkt auch Spikher. Er wird unterwegs mehrmals angegriffen, als man merkt, daß er kein Spiegelbild besitzt. Zu Hause lacht ihn sein Sohn aus, seine Frau nennt ihn einen „höllischen Geist", und will, daß er fortgeht. Er besitzt nicht mehr sein Ich in dessen Ganzheit. Der Erzähler merkt an, daß „jedes Spiegelbild nur eine Illusion sei, Selbstbetrachtung zur Eitelkeit führe und noch dazu ein solches Bild das eigne Ich spalte in Wahrheit und Traum" (S. 278). Genau das ist mit Erasmus geschehen: er hat sein „schimmerndes Traumich" bei Giulietta gelassen, mußte aber in die bürgerliche Wirklichkeit zurück, wo er auch nicht lange verweilen kann, und läuft von zu Hause weg. In der Stadt begegnet er wieder

Signor Dapertutto, von dem er erfährt, wie er sein Spiegelbild zurückbekommen und Giulietta wiedererlangen könnte. Er soll die „Bande" zum bürgerlichen Leben lösen: seine Frau und den kleinen Rasmus töten, wozu er aber nicht fähig ist.

Am Ende der Erzählung erscheint Giulietta noch einmal, diesmal im Haus von Erasmus, nimmt auch das Spiegelbild mit, das er „Giulietta sich anschmiegend" sieht, „unabhängig von ihm selbst" (S. 280). Die Frau will Spikher überreden, daß er seine Familie Dapertutto übergibt, und daß er - mit seinem Blut - in Anwesenheit des Wunderdoktors den Vertrag unterschreibt. Hier taucht das Motiv des Teufelspakts auf: wie Schlemihl, sollte auch Spikher sein Seelenheil opfern, um das Verlorene zurückzugewinnen.

Es ist bemerkenswert, daß obwohl in Chamissos und Hoffmanns Werk der Teufel gleichermaßen auftritt, er doch keine entscheidende Rolle spielt: beide Protagonisten können sich am Ende der Macht des Bösen entziehen. Der Teufel, das fixierte Böse hat keine Selbstschutz- und Alibifunktion mehr, und erspart dadurch dem Menschen keineswegs, das Böse auch in sich selbst sehen zu müssen.

Spikher schrickt rechtzeitig vor dem Vertrag zurück, sieht eine weiße Gestalt, die seiner Frau, die „in des Heilandes Namen" befiehlt, nicht zu unterschreiben. Giuliettas Gesicht verzerrt sich wieder; „hebe dich von mir hinweg Schlange - die Hölle glüht aus dir" (S. 281) - schreit Erasmus, stößt sie zurück, und so wird seine Seele gerettet. Er wird von seiner Frau bedauert, und nicht mehr verstoßen, da sie für die Geschehnisse das existierende „äußere" Böse verantwortlich macht. Sie schickt ihren Mann aber trotzdem von zu Hause weg, damit er sein Spiegelbild wiederfindet, ohne das er „der Spott der Leute" und „kein ordentlicher Familienvater sein" kann: „Suche gelegentlich dem Teufel dein Spiegelbild abzujagen" (S. 282) - gibt sie ihm zum Rat, und versichert, daß er zu Hause willkommen sein werde, wenn er es wieder besäße. Erasmus macht sich auf den Weg, begegnet Schlemihl, aber wie sein Schicksal endet, erfährt der Leser nicht - der Konflikt wird nicht aufgehoben.

5.5.1 Giulietta bzw. Julie im Kontrast zur frommen Hausfrau

Die Beziehungskonstellation: junger Held zwischen der bürgerlichen und der Traumfrau ist in vielen Hoffmannschen Werken (*Der goldene Topf, Der Artushof* usw.) zu finden. Er gestaltet oft auch einen Zusammenhang zwischen Liebe, Kunst und dem Ich des Protagonisten.

Hiermit wird der Versuch unternommen, diesen Zusammenhang in der Erzählung *Die Geschichte vom verlorenen Spiegelbild* zu zeigen. Dazu möchte ich die hierher gehörenden Gedanken des Protagonisten aus *Johannes Kreislers Lehrbrief* und die Liebe von Medardus zu Aurelie aus dem Roman *Die Elixiere des Teufels* einbeziehen, um die Liebe des Künstlers nach Hoffmanns Sichtweise näher erläutern zu können.

Johannes Kreisler erlebt genauso wie Spikher eine Ich-Spaltung: die Entzweiung entsteht bei ihm durch das Schreiben vor dem Spiegel. Über das Verhältnis von Kunst und Liebe schreibt er, in welchem „die Sehnsucht ewig dürstend fortlebt" (S. 324). Diese Bemerkung kann die Problematik des Malers Spikher entschlüsseln: die Liebe des wahren Künstlers kennzeichnet, daß sie nicht nach Vereinigung strebt. Der wahre Künstler muß sich der alltäglichen Bürgermoral entziehen, wobei die Gestalt der Geliebten einen Schutz gegen die Banalität bietet. Der Künstler darf aber die Geliebte nicht begehren und auf keinen Fall besitzen. „Die Liebe wird ... zum Ort der Selbsterkenntnis, indem der Künstler im Blick auf die Geliebte das wiedererkennt, was ihm bisher Geheimnis war - sein Ich. Die Geliebte ist das Spiegelbild des Künstlers, der sich an sie nicht verlieren darf."[67] Susanne Asche behauptet demnach, daß die Geliebte/das Weibliche das andere Ich des Künstlers ist.

Die Geliebte ist ein „Engels*bild*" - wie auch Giulietta von Erasmus genannt wird -, also nur ein Bild, das besitzen zu wollen ein Fehler und ein Mißverständnis ist. „O Julie - Giulietta - Himmelsbild - Höllengeist" (S. 283) heißt es im Postskript des Enthusiasten. Das deutet neben der Entsprechung der beiden Frauengestalten (der Name ist ähnlich; sie werden beinahe mit den gleichen Worten beschrieben) darauf hin, daß die Geliebte, indem der Künstler sie leiblich besitzen will, eine andere wird. Erasmus macht aber einen Fehler, genauso wie Medardus, der „verkennt, daß Aurelie von jeher der Spiegelwurf seines Ich ist, der nicht begehrt, sondern in die Kunstform transformiert werden muß."[68]

Spikher ist Maler, und seine künstlerische Existenz ist - wie oft bei Hoffmann - unvereinbar mit der bürgerlichen: „Das, was aus der Poesie ausgeschlossen werden soll, die banale, alltägliche Bürgerlichkeit, scheint selbst in dem phantastischen Geschehen überall durch"[69] - stellt S. Asche fest. Das beweist vor allem die Figur der frommen Hausfrau, die ihrem Mann folgende Ratschläge gibt: „verliere nicht die schöne Reisemütze, wenn du, wie du wohl pflegst, schlafend zum Wagen herausnickst", oder: „Schicke dem Rasmus ein Paar neue Höschen, denn er rutscht sehr auf den Knien und braucht dergleichen viel" (S. 282).

---

[67] ASCHE, Susanne, *Die Liebe, der Tod und das Ich im Spiegel der Kunst*.a.a O. S. 64.
[68] ASCHE, Susanne, *Die Liebe, der Tod und das Ich im Spiegel der Kunst*.a.a O., S. 71.
[69] ASCHE, Susanne, *Die Liebe, der Tod und das Ich im Spiegel der Kunst*.a.a O., S. 139.

Erik Peez vertritt die Meinung, daß Hoffmanns Künstler drei Gefahren ausgesetzt seien: die eine ist der Wahnsinn, die zweite die Reduktion des Künstlerischen auf eine mechanische Konstruktion und die dritte ist das Philistertum, „dem das innere Leben nur ein Reflex des äußeren ist"[70]. Hoffmanns Frau steht auf der Seite der Philister, Julies Ehemann genauso - sie gewinnen weder die Sympathie des Lesers (die „liebe fromme Hausfrau" nimmt keine positiven Pole im Verhältnis zu Giulietta ein) noch die von Hoffmann: der Autor geißelt die philistinen Bürger mit ihren Vorstellungen von Liebe, Ehe und Tugend genüßlich.

Spikhers Tragik besteht darin, daß er sowohl von der bürgerlichen, als auch von der künstlerischen Existenz etwas in sich trägt. Sein Spiegelbild, seine Imagination hängt unwiederbringbar an Giulietta, und so kann er das Leben eines normalen Bürgers auch nach der endgültigen Trennung von ihr nicht leben. Er ist kein wahrer Künstler, da er die Geliebte nicht zum Kunstobjekt transformiert und keine Distanz gehalten hat, deswegen mußte er sich (sein Spiegelbild) an die Italienerin verlieren; er ist aber auch kein tüchtiger Bürger (Philister): ihm fehlt ja das Spiegelbild, er ist kein vollständiges Individuum in der Gesellschaft. Sein Ich wird auch nicht hergestellt: die Konfrontation mit dem anderen Ich, dem Jungschen Schatten, hat im Falle Spikhers keinen Schritt auf dem Weg der Individualisation zur Folge: daß er nicht alleine mit seinem Problem ist, machen die beiden anderen Hauptgestalten der *Abenteuer* deutlich.

---

[70] PEEZ, Erik, *Die Macht der Spiegel. Das Spiegelmotiv in der Literatur und Ästhetik des Zeitalters von Klassik und Romantik*, Frankfurt am Main 1990.S. 327.

5.5.2 Die Verwandtschaft der drei Figuren - zur Struktur der Abenteuer

Sowohl die Parallelen als auch die Gegensätze sind im ganzen Erzähltext wichtig. Zuerst seien die letzteren erwähnt, vor allem der von Weihnachten und Silvester, der neben dem Kontrast der Julie/Giulietta - fromme Hausfrau (der auch die Gegenüberstellung Teufel-Heiland impliziert) auftritt, und gleichzeitig den Rahmen des Erzählten bildet. Im ersten Teil heißt es - mit den Worten des Enthusiasten -: „Weihnachten! das sind Festtage, die mir in freundlichem Schimmer lange entgegenleuchten. ... Für den Silvester-Abend spart mir der Teufel jedesmal ein ganz besonderes Feststück auf." (S. 257)

Während das Christfest eine Feier der Neugeburt ist, wird der Silvester(abend) als Fest des Todes - das alte Jahr stirbt - zur Zeit des Teufels erklärt. Auch der Volksglauben trägt zur Bedeutung der Silvesternacht bei: laut des Brauchs befragt man den Spiegel zur Silvesternacht, der die Gestalt der/des zukünftigen Geliebten vorspiegelt. Andererseits existiert die Vorstellung, daß in dieser Nacht die Fratze des Teufels aus dem Spiegel hinausblicken kann. Nach M. Bieler[71] empfand man die Zeit zwischen den Jahren bereits in der Antike als anfällig für das Eindringen der Geisterwelt: zu dieser Zeit war die Welt durchlässig für das Unheimliche.

Der Gegenüberstellung der beiden Festtage folgt im zweiten Teil (*Die Gesellschaft im Keller*) das Herabsteigen des Enthusiasten aus der großen Gesellschaft „in den dunklen Bierkeller" (S. 261), wo der Gegensatz nicht nur äußerlich ist: er symbolisiert das Außenseiter-Sein des Erzählers.

---

[71] vgl. BIELERs Artikel „Spiegel" im *Handwörterbuch des deutschen Aberglaubens*, Sp. 557.

Was die Parallelen der Geschichten betrifft, wurde bereits erwähnt, daß die Protagonisten der *Abenteuer* eine innere Unruhe miteinander verwandt macht, und daß sie alle Außenseiter und notorische Reisende sind. Zudem trägt die Nähe des 4. Kapitels (*Die Geschichte vom verlorenen Spiegelbild*) zu Chamissos *Peter Schlemihl*, die im nächsten Kapitel erläutert wird, dazu bei, daß die Schicksale von Schlemihl und Spikher gewisse Ähnlichkeiten aufzeigen. Auch dadurch wird ein Zusammenhang zwischen den Ereignissen hergestellt.

Der Enthusiast als Erzählmedium verbindet die vier Kapitel miteinander. Ernst-Michael Stiegler vertritt sogar die Meinung, daß das erste Kapitel (*Die Geliebte*) und das vierte „von e i n e m (hervorgehoben von Stiegler) fiktiven Erzähler, nämlich von dem reisenden Enthusiasten geschrieben wurden"[72], der das eigene Ich schriftstellerisch gespiegelt sehen wollte, was meiner Meinung nach in seiner Dissertation nicht überzeugend begründet wird. Es kann aber ohne weiteres behauptet werden, daß die Figuren des Enthusiasten und Spikhers einige parallele bzw. gegensätzliche Züge haben. Sie sind beide ähnlichen Konflikten ausgesetzt: der Widerstreit von entfesselter Phantasie und Alltagsrealität (der im Falle Schlemihls nicht als problematisch erscheint) und der Entgegensetzung „von erotisch gefärbter Ethik gegen eine lächerlich gewordene, philistine Ethik"[73].

Der Enthusiast ist in dem Sinne ein Gegenbild Spikhers, daß er, obwohl er ein Spiegelbild wirft, es nicht als das seine zu realisieren vermag: „Wer schaut denn dort aus jenem Spiegel heraus? - Bin ich es auch wirklich?"

---

[72] STIEGLER, Ernst Michael: *Das Ich im Spiegel der Kunst und der Wirklichkeit. Eine Studie zum anthropologischen Verständnis E.T.A. Hoffmanns*. S. 159.

[73] FRENSCHKOWSKY, Helena, *Phantasmagorien des Ich. Motive Spiegel und Porträt in der Literatur des 19. Jahrhunderts*, a.a.O. S. 143

(S.283) fragt er verunsichert. Im dritten Kapitel berichtet er: „Ich fand mich, da ich in den Spiegel schaute, so blaß und entstellt, daß ich mich kaum selbst wiedererkannte. - Es war mir, als schwebe aus des Spiegels tiefstem Hintergrunde eine dunkle Gestalt hervor - ich erkannte Julien" (S. 265). Er erlebt also die Duplizität seines Ich im Bild der Geliebten - genauso wie Spikher sein anderes Ich in Giulietta findet. Auch Spikher blickt „wie aus zwei verschiedenen Gesichtern" (S. 263) - durch seine fehlende psyiognomische Konstanz wird er von seiner Umgebung in seiner Individualität nicht erkennbar. Er besitzt auch keine Korrekturmöglichkeiten seines Mienenspiels vor dem Spiegel mehr. Im allgemeinen zeigt seine Körpersprache die Zerbrochenheit seiner Identität.

Auch die Figur des Justizrats verbindet die beiden Männer: er „hat die gleiche (vermittelnde) Funktion zwischen dem Enthusiasten und Julie wie der Kuppler Dr. Dapertutto auf der Handlungsebene Giulietta-Spikher: „Ist dieser ein offensichtlicher, wenn auch nur „folkloristischer" Teufel, so geht jener ihm zumindest „wacker zur Hand""[74] (S.257) - bemerkt Frenschkowsky. Daneben spielt der rotbemäntelte Teufel als dritter bei beiden Liebesbeziehungen seine Rolle. (Die Figur des Teufels kommt auch in der Geschichte Schlemihls vor.)

Die Geliebten Erasmus` und des Enthusiasten haben einen ähnlichen Namen; beide reichen ihren Geliebten einen Pokal, im Postskript werden die beiden Frauen genannt und vermengt, und im Traum des Enthusiasten (III. Teil) wiederholen sich die Erlebnisse der Teegesellschaft, man findet hier die dritte Pokalszene und einen dritten Vergleich der Julie-Figur mit den Gestalten der

---

[74] FRENSCHKOWSKY, Helena, *Phantasmagorien des Ich. Motive Spiegel und Porträt in der Literatur des 19. Jahrhunderts*, a.a.O. S. 138

Malerei, und in den letzten Zeilen des IV. Teiles sagt der Enthusiast folgende Worte: „Ganz erfüllt von den Erscheinungen glaube ich beinahe, daß ... die holde Julia aber jenes verführerische Frauenbild von Rembrandt oder Callot[75] war, das den unglücklichen Erasmus Spikher um sein schönes ähnliches Spiegelbild betrog" (S. 283) . Dieses Zitat zeigt aber auch, daß der Enthusiast am Ende fähig ist, selbstironisch realistische Distanz zum subjektiven Erleben zu halten, während Spikher nicht mehr zum Wirklichkeitsbegriff des „Normalen" findet: die beiden unterscheiden sich am Ende in ihrer Realitätsauffassung.

Hoffmann läßt den Enthusiasten sagen: „In dem Maskenspiel des irdischen Lebens sieht oft der innere Geist mit leuchtenden Augen aus der Larve heraus, das Verwandte erkennend, und so mag es geschehen sein, daß wir drei absonderliche Menschen im Keller uns auch so angeschaut und erkannt haben" (S. 263). Die Ähnlichkeit der Protagonisten wird mehrmals betont: in der Situation des Anderen erkennt jeder, wie in einem Spiegel, das eigene Problem. Dazu kommt die Tatsache, daß alle etwas verloren haben: Schlemihl seinen Schatten, Erasmus sein Spiegelbild, der reisende Enthusiast flieht ohne Hut und Mantel, „beides aber steht symbolisch für den Verlust gesellschaftlicher Respektabilität (Hut) und ihrer Schutzmechanismen (Mantel)"[76] in der Interpretation von Frenschkowsky. In der Erzählung stellt der Enthusiast im Keller über das gemeinsame Schicksal der Hauptgestalten fest, daß

---

[75] Die *Abenteuer der Silvesternacht* sind im vierten Band der *Fantasiestücke in Callots Manier* erschienen. Von den barocken lothringischen Zeichner Callot (1572-1635) ließ sich Hoffmann immer wieder anregen. (S. auch *Prinzessin Brambilla*).

[76] FRENSCHKOWSKY, Helena, *Phantasmagorien des Ich. Motive Spiegel und Porträt in der Literatur des 19. Jahrhunderts*, a.a.O. S., 135.

der Teufel überall Haken eingeschlagen habe, „woran vorbeistreifend wir etwas von unserm teuern Selbst hängen lassen" (S. 264).

Zugleich haben alle drei ihre Geliebten verloren, was im Traum des dritten Teils der *Abenteuer* dargestellt wird, indem der Enthusiast die Frauengestalten miteinander identifiziert: Schlemihls Mina, Spikhers Giulietta und Julie.

Die Wiederholung ist nicht nur ein inhaltliches Moment, sondern strukturiert das Erzählen selbst. Sie formt die Erzählung zu einem abgeschlossenen Ganzen - die Wiederholung hält die Fäden zusammen. Dem Leser wird immer wieder die Möglichkeit eröffnet, „etwas wiederzuerkennen. Die Geschichte spiegelt in sich selbst, ohne daß deutlich wird, was Original und was Abbild, welche der erzählten Geschichten die erste und was die Wiederholung ist."[77] Auch der Enthusiast meint, er habe das, was ihm erzählt wird,„schon irgendwo deutlich mit hellen Augen" (S.259) gesehen.

Alle Figuren der Handlung können, gesteht der reisende Enthusiast schließlich auch nur Schaufensterdekorationen sein: „Doch bald war es mir, als sei die ganze Gesellschaft eine spaßhafte Weihnachtsausstellung bei Fuchs, Weide, Schoch oder sonst, der Justizrat eine zierliche Figur von Dragant mit postpapiernem Jabot" (S.267). Auch das Gleichnis des Schaufensters deutet hier auf das Moment der Spiegelung hin. Für das Abbild läßt sich aber kein Original finden - wie auch das Ich vor dem Spiegel nie das Ursprüngliche erblickt. Das Individuum erscheint so als etwas Doppeltes, Wiederholbares und daher Austauschbares: es existiert keine Einmaligkeit.

In den *Abenteuer*n wird das Ich - im Gegensatz zu anderen Werken Hoffmanns, z.B. zu *Prinzessin Brambilla* - in seiner Ganzheit nicht hergestellt:

---

[77] ASCHE, Susanne, *Die Liebe, der Tod und das Ich im Spiegel der Kunst*.a.a O., S. 124.

Die Geschichte vom verlorenen Spiegelbild endet damit, daß Spikher Schlemihl trifft und die beiden „Kompanie gehen" wollen, „so daß Erasmus Spikher den nötigen Schlagschatten werfen, Peter Schlemihl dagegen das gehörige Spiegelbild reflektieren sollte; es wurde aber nichts daraus" (S. 282). Obwohl hier das Doppelgängertum der Helden nicht mit dem Tod des einen Ich endet (wie im Falle Rat Krespels oder Medardus`), und trotz der heiteren Komponente[78], dem spielerisch-humorvollen Umgang mit dem Thema des Selbstverlustes und der Ironie der Unmöglichkeit des gemeinsamen Vorhabens ist die Tragik zu spüren: der Konfrontation mit dem anderen Ich folgt keine Wiederherstellung der Ganzheit und keine Ich-Erweiterung.

Das Ich kann niemals zu sich selbst kommen: es ist immer auch am Ort des Anderen: im Spiegel, im Kunstwerk oder in der Figur der Geliebten oder des Doppelgängers. So können Hoffmanns Werke „gelesen werden als Artikulation des Menschen, dessen gedoppeltes Wesen gestaltet wird, indem das, was den Menschen auszeichnet, seine Geschichte und seine `Tiefe`, ausgelöst und das Ich auch immer im Nicht-Ich, im Anderen sich findet"[79].

---

[78] Die *Fantasiestücke* fanden gleich nach der Erscheinung ein großes Echo bei dem zeitgenössischen Publikum, während die *Elixiere* zu Hoffmanns Lebzeiten keine Neuauflage erreichte. Daraus folgt, daß der spielerische Umgang mit dem Thema der Gespaltenheit der Persönlichkeit bei der Leserschaft größeres Gefallen fand. S. FRENSCHKOWSKY, Helena, *Phantasmagorien des Ich. Motive Spiegel und Porträt in der Literatur des 19. Jahrhunderts*, a.a.O., S. 148.

[79] FRENSCHKOWSKY, Helena, *Phantasmagorien des Ich. Motive Spiegel und Porträt in der Literatur des 19. Jahrhunderts*, a.a.O., S. 126.

5.5.3 Über die Nähe zu Chamissos Schlemihl

Die Nähe der *Abenteuer der Silvesternacht* (1815) zu Chamissos *Peter Schlemihls wundersame Geschichte* (1814) wurde in der Kritik oft hervorgehoben und dabei Hoffmanns Erzählung als schwache Imitation des besseren Vorbilds kritisiert. Hitzig, ein Freund Hoffmanns fand die Variation des Motivs des Schattenverlustes „ziemlich unglücklich"[80]. Chamisso selber äußerte mehrmals sein Mißfallen über das Plagiat. Es muß aber betont werden, daß die Romantik zum Plagiat ein eher legeres Verhältnis hatte. Susanne Asche bemerkt zur Problematik des Plagiats folgendes: „Hoffmanns Erzählungen sind zwar gezeichnet, jedoch nicht strukturiert und geprägt durch die Schriften, auf die sie verweisen. Diese dienen ihm vielmehr als Material, als Motivsammlung seiner Werke."[81]

Die Aufnahme von Chamissos Schlemihl als agierende fiktive Gestalt hat nach Meinung von Helena Frenschkowsky „viel von der Geste einer aufzwinkernden Kontaktaufnahme des Autors mit seinem Lesepublikum. Er setzt jedes Detail (bis hin zu den Siebenmeilenstiefeln) von Chamissos populärem Werk voraus ..."[82] Indem Hoffmann aber das Motiv und die Geschehnisse übernimmt, erreicht er auch eine zusätzliche ironische Distanzierung zum Erzählten. Es existieren drei Realitätsebenen: die des Erasmus, die des Enthusiasten und die des Herausgebers: Hoffmann tritt als Herausgeber der Tagebuchblätter auf, als Vertreter der „Wirklichkeit".

---

[80] vgl. KAISER, G.R., *E.T.A. Hoffmann*, Stuttgart 1988. S. 39.
[81] ASCHE, Susanne, *Die Liebe, der Tod und das Ich im Spiegel der Kunst*.a.a O., S. 60.
[82] FRENSCHKOWSKY, Helena, *Phantasmagorien des Ich. Motive Spiegel und Porträt in der Literatur des 19. Jahrhunderts*, a.a.O., S. 130.

Bereits in der Erzählsituation sind einige Übereinstimmungen der beiden Werke zu bemerken: die beiden vorgeschobenen Erzähler finden am Morgen beim Erwachen die schriftliche Beichte eines Bekannten, der aber nicht mehr vorzufinden ist.

Auch sind die Parallelen in der Handlung der beiden Werke schon am Anfang eindeutig. Sowohl Spikher, als auch Schlemihl befinden sich fern von ihrer Heimat, an genau lokalisierten Orten. Beider erste Begegnung mit der verführerischen Figur erfolgt in einer heiteren Gesellschaft, wo die Helden als Außenseiter auftreten.

Die Geschehnisse um den Teufelspakt deuten genauso auf die Verwandtschaft der beiden Geschichten. Die Figur des Teufels (Dapertutto bzw. der Graue) finden beide Helden abstoßend. Im Teufelspakt geht es in beiden Geschichten um etwas Immaterielles, das für handgreifliche Vorteile gegeben wird. Beide erleben die Abtrennung des einen Teiles des Ich - die Amputation des Schattens bzw. des Spiegelbildes - in Besinnungslosigkeit.

Weder Schlemihl noch Spikher ahnt, welche Folgen der Handel hat, sie haben auch keine Schuldgefühle, und ihre Umgebung reagiert ähnlich - sogar die spottenden Straßenjungen haben in beiden Werken dieselbe Rolle. Beide Protagonisten müssen vor der Polizei fliehen, und der Verführer erscheint während der Flucht in beiden Fällen als Reisebegleiter, der zuerst nicht als der Versucher erkannt wird. Keiner der Helden gibt endlich seine Seele dem Teufel, obwohl dadurch beide die geliebte Frau wiedererlangt hätten. (Die Ähnlichkeit des Julia/Giulietta -Erlebnisses wurde bereits im Kapitel 5.4.2 erläutert.). Der Teufel scheitert in beiden Geschichten kurz vor dem Ziel und wird im Namen Jesu beschwört. Daß die beiden Protagonisten nicht unterschreiben, geschieht nicht wegen der seelischen Stärke des Einzelnen, sondern eher als Eingriff der Gnade. Schlemihl und Spikher müssen beide die Gesellschaft verlassen, und wandern alleine durch die Welt.

Was die Beziehung des verlorenen Schattens bzw. Spiegelbildes angeht, kann man neben den bereits erläuterten ähnlichen Vorstellungen des Volksglaubens über die beiden Motive auch die Tatsache erwähnen, daß der Schatten und das Spiegelbild das Charakteristikum der wesentlichen Zugehörigkeit zum Menschen teilen, beide sich mit dem Menschen zusammen bewegen und künstlich nicht nachgeahmt werden können. Und da die beiden Motive als wesentliche Teile des Menschen betrachtet werden, sind sie geeignet, als Doppelgänger aufzutreten, und dadurch die Gespaltenheit des Ich zu signalisieren.

5.5.4 Realismus und Märchenhaftigkeit

Hoffmanns *Geschichte vom verlorenen Spiegelbild* ist eine märchenhaft-phantastische Erzählung mit realistischen Elementen. Es kommt aber nicht zum „Heilen", was die märchenhaften Anteile (so die Loslösung des Spiegelbildes) betrifft, und es wird deutlich gemacht, daß es sich hier um eine autobiographische Niederschrift handelt; andererseits verliert das Realistische an Glaubwürdigkeit durch das Satirische. Es kann aber ohne weiteres behauptet werden, daß Hoffmann mit seinem Werk einen Übergang von der romantischen Literatur zum phantastischen Realismus bildet, genauso wie Chamissos *Peter Schlemihl*.

Selbst der Spiegel ist ein „realistisch"- gegenständliches Motiv, das jedoch viele Konnotationen des Übernatürlichen - v.a. durch den Volksglauben - mit sich trägt, und so kann er auch im phantastischen Realismus als Motiv auftauchen. Auch E.T.A. Hoffmann kennzeichnet eine Zwischenposition bei der Anwendung des Spiegelmotivs: „Er vermeidet einseitig romantische und realistische Ansprüche, indem er beide Aspekte zu einem phantastischen Realismus verschmilzt."[83]

Im abschließenden Teil der Arbeit wird ein Werk des russischen Realismus näher betrachtet, *Der Doppelgänger* von Dostojewskij, in dem das Sujet zwar noch romantisch ist, die Darstellung aber realistisch, die Grundtonart zu sachlich, auf einen nüchternen Tatsachenbericht abgestimmt. Jedoch kann der Bezug zur deutschen Romantik hergestellt werden: durch das Motiv des Doppelgängers, und durch das Werk E.T.A. Hoffmanns, das zur Zeit des russischen Realismus in Rußland wohlbekannt war.

---

[83] FRENSCHKOWSKY, Helena, *Phantasmagorien des Ich. Motive Spiegel und Porträt in der Literatur des 19. Jahrhunderts*, a.a.O. S., 14.

6 Fjodor Dostojewskij: *Der Doppelgänger*

6.1 Einführung

Nach der Periode der Romantik verlor das Motiv des Doppelgängers nicht seinen Reiz. Im dritten Teil dieser Arbeit wird das Fortbestehen des Motivs im russischen Realismus, in Dostojewskijs Roman *Der Doppelgänger* (*Dvojnik*[84] 1846; zweite Fassung 1866) untersucht.

Im vorher Geagten wurde die Beziehung des russischen Realismus zur deutschen Romantik, insbesondere zu E.T.A. Hoffmann, bereits angesprochen. Nathalie Reber widmet ein Kapitel allein den Berührungspunkten mit Hoffmann in Dostojewskijs *Doppelgänger*: sie zählt Parallelstellen zwischen Hoffmanns *Brautwahl* und dem russischen Roman auf, wobei sie aber betont, daß sie nicht andeuten möchte, „Dostojevskij habe ganze Situationen und Motivkomplexe aus Hoffmanns Werk einfach in seinen eigenen Roman verpflanzt."[85]

Michel Cadot[86] erwähnt neben der *Brautwahl* weitere Hoffmannsche Werke, die seiner Meinung nach einen Einfluß auf Dostojewskij gehabt haben könnten, so die *Lebensansichten des Katers Murr* und *Die Elixiere des Teufels*, die dieser beide gekannt hat. Jedoch besteht im Rahmen dieser Arbeit nicht die Möglichkeit, die Berührungspunkte zwischen den beiden Autoren nachzuweisen. Außerdem wäre diese Fragestellung nicht hinlänglich, ohne dabei die

---

[84] Der russische Titel bedeutet „Zweiling" oder „Doppling".
[85] REBER, Nathalie, *Studien zum Motiv des Doppelgängers bei Dostojevskij und E.T.A. Hoffmann*. Bern 1964. S. 63.
[86] CADOT, Michael, *Le Double de Dostoievski et ses modèles hoffmanniens*. In: PAUL, Jean-Marie (Hg.), *L'Homme et l'Autre*. Nancy 1990. S. 225-234.

Werke Gogols zu berücksichtigenen, die einen konkreten Einfluß auf Dostojewskij ausgeübt haben, und die auch eine Rolle bei der Vermittlung zwischen Hoffmann und Dostojewskij gespielt haben. (Gogols Rolle in Dostojewskijs Schaffen wird im späteren - im Kap. 6.4 - noch erläutert, allerdings ohne dabei auf seine Vermittlerrolle einzugehen.)

6.2 Inhaltsangabe

Der Titularrat Goljadkin, ein kleiner Beamter in Petersburg, erwacht aus schweren Träumen in seiner ärmlichen Wohnung. Nachdem er sich selbst vergewissert hat, wozu ein Blick in den Spiegel, das Zählen seines Geldes, seine und seines Dieners Petruschka Ausrüstung zu einer Ausfahrt gehören, macht er die Aussage: „bis jetzt geht alles gut"[87] (S. 4), und fährt in einer gemieteten Droschke in die Stadt. Er besucht dort seinen Arzt, der ihm rät, er solle seine Vereinsamung und seelische Bedrängnis dadurch überwinden, daß er das Gegenteil von dem werde, was er ist: er solle „Freunde und Bekannte besuchen und auch kein Feind der Flasche sein, sich gleichmäßig in fröhlicher Gesellschaft bewegen" (S. 13).

Nachdem Goljadkin Einkäufe gemacht hat, die darauf hinweisen, daß er bald heiraten möchte, fährt er zu einem hochgestellten Vorgesetzten, dem Staatsrat Olssufij Iwanowitsch anläßlich eines Diners. Er ist aber gar nicht eingeladen, wird gedemütigt und hinausgeworfen. Sein zweiter Versuch, durch die Hintertreppe in das Haus zu gelangen, dann sich unter die Gäste zu mischen, und sich an die von ihm geliebte Klara, die Tochter des Staatsrates selbst zu wen-

---

[87] Die Zitate sind in Fjodor Dostojewskij, *Der Doppelgänger*. Stuttgart 1987. zu finden. Die Zahlen in den Klammern deuten auf die Seitenzahl hin.

den, scheitert ebenfalls, und er muß das Haus wiederum verlassen. An diesem Abend erblickt er zum ersten Mal seinen Doppelgänger, der Goljadkin jun. genannt wird, der ihn ab diesem Moment nicht mehr verläßt und seinen Platz sowohl im beruflichen als auch im privaten Leben langsam geradezu einnimmt. Der Doppelgänger erreicht alles, was Goljadkin sen. verschlossen blieb: er macht sich beliebt bei seinen Vorgesetzten, gewinnt viele Freunde, und hat auch bei den Frauen Erfolg.

Goljadkin sen. versucht alles, sein vorausgeahntes Unglück zu vermeiden: er will sich mit seinem Doppelgänger befreunden; er kämpft gegen ihn; bittet seinen Vorgesetzten um Hilfe, aber alles ist umsonst. Er schreibt all sein Unglück seinen Feinden und deren Intrigen zu, so auch die Usurpation durch den Doppelgänger. Schließlich wird Goljadkin sen. aus dem Amt entlassen. Am vierten Tag fährt er wiederum zum Haus des Staatsrates, wegen eines Briefes der angebeteten aber unerreichbaren Tochter. Der Brief verschwindet aber, und auch seine Existenz erscheint ziemlich unwahrscheinlich: Klara bittet im Brief Goljadkin sen. darum, mit ihr zu fliehen und sie dadurch von ihrem unerwünschten Bräutigam zu befreien. Goljadkin sen. liest den Brief, der auch Intrigen seines Doppelgängers erwähnt, in „furchtbarer Seelenangst und furchtbarer Erregung" (S. 165). Er mietet eine Kutsche, wartet lange vor dem Haus und als Goljadkin jun. ihn dazu zwingt, dringt er in das Haus ein. Seine Gedanken, die das Geschehen wiedergeben, sind nicht mehr unter Kontrolle, und am Ende erfährt der Leser, daß Goljadkin sen. in eine Nervenheilanstalt eingeliefert wird.

6.3 Die verschiedenen Interpretationen des Romans

Dostojewskij galt seit seinem Debüt mit dem ersten Roman *Arme Leute* (1846) als ein Schriftsteller, der neue Perspektiven in der Literatur eröffnet hatte, wobei seine Unabhängigkeit von dem großen Vorbild Gogol nicht zu übersehen war. Als *Der Doppelgänger*, der früher geschrieben wurde, gleich nach dem ersten Roman erschien, löste er Verwirrung, Debatten und seitens des Publikums Unverständnis aus.

Der Grund des Befremdens und auch der unterschiedlichen Interpretationen war in erster Linie die Unbestimmtheit der Handlung. Der Leser kann nicht erkennen, was Halluzination und was Realität in Goljadkins Begegnungen mit dem Doppelgänger, mit den Amtskollegen und den Vorgesetzten ist. In der ersten Fassung wurden nicht einmal am Schluß die Anzeichen für Goljadkins Geisteskrankheit konkretisiert, nur das Erscheinen des Arztes deutete darauf hin, daß der Zustand des Helden klinische Behandlung erfordert. Obwohl in der zweiten Fassung am Schluß die Realität durch die Irrenanstalt hergestellt wird, bleibt die Grenze zwischen Wahn und Wirklichkeit fließend.

Es wurde oft versucht, das Werk unter nicht-literarischen methodologischen Prämissen zu entschlüsseln: so sind viele philosophische, theologische, soziologische und psychiatrische Deutungen[88] entstanden. In dieser Arbeit werde ich mich als Ausgangspunkt auf den strukturalistischen Aufsatz von Wolf Schmid stützen, der den Pluralismus der Interpretationen aus der semantischen Struktur des *Doppelgängers* ableitet, und dabei nicht mehr bestrebt ist, eine Deutung zu kanonisieren, sondern versucht zu zeigen, „worin denn der Pluralismus der Interpretationen, die Undeutlichkeit des Erzählten und die Unbestimmtheit der Handlung gründen."[89].

---

[88] Über die verschiednen Interpretationen vgl. SCHMID, Wolf, *Der Textaufbau in den Erzählungen Dostoevskijs*. München 1973.S. 90-92 und NEUHÄUSER, Rudolf, *Das Frühwerk Dostoevskys*. Heidelberg 1979. S. 163-165. bzw. S. 174-175.

[89] SCHMID, Wolf, *Der Textaufbau in den Erzählungen Dostoevskijs*. a.a.O., S. 92.

6.4 Bruch mit der literarischen Tradition

Von vielen zeitgenössischen Kritikern wurde der Roman als langweilige, trockene Nachahmung Gogols aufgenommen. Tatsächlich gibt es viele Koinzidenzen zwischen dem *Doppelgänger* und Gogols Erzählungen. Mann kann in erster Linie *Die Nase* (1836) erwähnen, wo der Hauptheld Kovaljov in den „Traum" vom Verlust seiner Nase erwacht, die sich als Rivale und Doppelgänger entpuppt, und ihre eigene unabhängige Existenz behauptet. Kovaljov irrt in seiner Wahnvorstellung in der Realität umher: seine Nasenlosigkeit und die Existenz der Nase - in der Uniform eines ranghöheren Beamten - wird auch von anderen bestätigt.

Gogols *Aufzeichnungen eines Wahnsinnigen* (1835) haben auch vieles mit dem *Doppelgänger* gemeinsam. Keiner der Helden ist Beamter, beide haben die fixe Idee des Unterschätztseins, die am Ende zum Wahnsinn führt.

Dostojewskij verheimlichte seine Anlehnung an Gogol keinesfalls. Seine Leser haben nur das Plagiat wahrgenommen, aber nicht die Tatsache, daß Dostojewskij zwar in Gogols Manier geschrieben hat, jedoch etwas anderes. V.G. Belinskij, ein bedeutender Kritiker der Zeit, der den Autor bereits kannte und schätzte, hat den Roman in Schutz genommen, jedoch betonte er, der Schriftsteller solle so schreiben, daß er für alle und nicht nur für die Kenner verständlich und lesbar sei. Damit deutet er auf die Verletzung des herrschenden künstlerischen Kanons hin: Dostojewskij hat etwas Neues gebracht, das den zukünftigen Stand des ästhetischen Bewußtseins seines Publikums vorwegnahm.

Das Motiv des Doppelgängers, das Thema des Wahnsinns und der Bewußtseinsspaltung, die Mischung und Konfrontation des Realen mit dem Irrealen bedeuteten - wie es im obigen im Zusammenhang mit Hoffmann und Gogol gezeigt wurde - nichts Neues für die Leser. „Das seinerzeit Befremdliche und Anstoßende des *Doppelgängers* kann deshalb nicht auf die dargestellte Ge-

genständlichkeit zurückgeführt werden, sondern ist in der neuen Form des Textaufbaus zu suchen."[90] W. Schmid nennt diese neue Darstellungsform Textinterferenz, die darin besteht, „daß der Erzählbericht (darunter verstehe ich alle Aussagen eines Werkes, die wegen des Fehlens von Anführungszeichen als Erzählerrede gelten müssen) Merkmale des Erzählertextes mit Merkmalen des Personentextes MISCHT."[91] In ein und derselben Aussage verweisen gewisse Merkmale auf den Erzähler, andere auf die Person - im selben Segment werden sowohl der Text der Person als auch der Text des Erzählers vergegenwärtigt.

Der Erzähler bewertet und korrigiert nicht die Halluzinationen Goljadkins, er weist bis zum Schluß nicht auf die irreale Wahrnehmungsweise des Helden hin - der Leser spürt nur, daß mit Goljadkin etwas nicht stimmt, aber es wird ihm überlassen, die scheinbar objektiven Perzeptionen des Beamten zu beurteilen und als Wahnvorstellungen zu deuten.

Dabei „hilft", daß es viele Stellen gibt, die zwar zum objektiven Bericht des Erzählers gehören, „repräsentieren indes insgeheim die subjektiven, vom Wahnsinn geprägten Worte, Gedanken und Wahrnehmungen Goljadkins."[92] Diese Stellen sind aber weder mit Anführungstrichen noch mit Einleitungsworten versehen: nichts deutet auf die „Anleihe" hin. Goljadkins Worte wer-

---

[90] SCHMID, Wolf, *Der Textaufbau in den Erzählungen Dostoevskijs*. a.a.O., S. 98.
[91] SCHMID, Wolf, *Die Interferenz von Erzählertext und Personentext als Faktor ästhetischer Wirksamkeit in Dostoevskijs Doppelgänger*, in: Russian Literature 4, 1973, S. 106
[92] SCHMID, Wolf, *Die Interferenz von Erzählertext und Personentext als Faktor ästhetischer Wirksamkeit in Dostoevskijs Doppelgänger*, a.a.O., S. 108.

den auf der Ebene des Erzähltextes dadurch neu bewertet, „in ein neues Licht gerückt, abgewandelt oder gar *ad absurdum* geführt."[93]

Dieses auktorial-personale Erzählen hat die Funktion, auf den Vorgang des Bedeutens zu verweisen, den Leser zu aktivieren, und ihm zu zeigen, daß die Wirklichkeitsverhältnisse mehrdeutig und vielschichtig sind; und daß die Geschehnisse in der modernen Prosa nicht mehr eindeutig konkretisiert und beschrieben werden können.

6.5 Goljadkin vor dem Erscheinen des Doppelgängers

Die Unzufriedenheit mit sich selbst charakterisiert Goljadkin schon am Anfang des Romans: beim Aufwachen muß er die Feststellung machen, daß er sich „nicht in irgendeinem Märchenreich" (S. 3) befindet, sondern in den staubigen, schmutzigen Wänden seines kleinen Zimmers. Als er aufsteht, betrachtet er sich im Spiegel, und scheint zufrieden zu sein, aber gleichzeitig zeigen sich seine dunklen Vorgefühle: „wenn mir heute etwas fehlgegangen wäre [...] oder sonst etwas Unangenehmes geschehen wäre..." (S. 4).

Er fährt aus, mietet einen Wagen, aber seine kindliche Freude an der gemieteten Equipage verschwindet bald, da er zweifelt, ob er die Berechtigung habe, so in die Stadt zu fahren. Als er seinen Vorgesetzten begegnet, stürzt er in ein Dilemma, wobei er eine „unbeschreibliche Seelenangst" (S. 9) verspürt: er weiß nicht, ob er grüßen soll oder nicht, und als Ausweg versucht er, sich selbst zu verleugnen: „Ich bin es nun mal nicht [...], sondern ein anderer, der

---

[93] SCHMID, Wolf, *Die Interferenz von Erzählertext und Personentext als Faktor ästhetischer Wirksamkeit in Dostoevskijs Doppelgänger*, a.a.O., S. 112.

mir auffallend ähnlich sieht [...] ich bin nicht ich..." (S. 9). Schon diese Szene deutet - neben dem Verlöschen des Ich - darauf hin, daß er extrem abhängig von der Meinung anderer ist, und daß Autoritätspersonen eine wichtige Rolle in seinem Leben spielen.

Als Goljadkin den Arzt besucht, erfährt der Leser seine Lebensprinzipien: „Ich gehe geradeaus [...], nicht auf Seitenwegen. [...] Ich mag keine halben Worte; ich verachte elende Zweideutigkeiten; ich verabscheue Verleumdung und Klatsch. Eine Maske trage ich nur zur Faschingszeit, aber ich gehe nicht tagtäglich unter den Leuten damit herum" (S. 16). Im Laufe des Geschehens stellt es sich aber heraus, daß er nicht nach diesen Prinzipien lebt, er verrät sich sogar in einer schwachen Stunde: „Wir werden zusammen Listen anwenden, Freundchen, Ränke schmieden; wir werden nun unsererseits einige Intrige einfädeln..." (S. 83) - sagt Goljadkin seinem Doppelgänger, den er bloß als Mittel zum Zweck anwenden will.

Der Held lebt in völliger Isolation, die er aber ins Positive wendet: „Ich will sagen [...], daß ich meinen eigenen Weg gehe [...] Ich bin allein für mich, und hänge, wie mir scheint, von niemandem ab" (S.13-14). Der Titularrat hat keine Familie, keine Freunde -er geht zum Arzt, weil er niemanden hat, mit dem er reden könnte. „Es gibt kein eigentliches Gespräch, d.h. die Gespräche beziehen sich [...] bei Goljadkin auf seine Karriere, anklagende und verteidigende Briefe, Hilfesuche. Nur mit dem Doppelgänger gibt es längere Gespräche, die den Kampf mit sich selbst signalisieren."[94]

---

[94] KESTING, Marianne, *Im Labyrinth der Wahrnehmung. Dostoevskijs „Doppelgänger"* *als Modell für Kafkas „Prozeß"*, in: Germanisch-romanische Monatsschrift 74, 1993, S. 66.

Die Selbstgespräche, die einerseits auf die Spaltung seines Ich deuten, zeigen auch, daß er vollstädig vereinsamt ist. Den einzigen Kontakt zur Außenwelt vermittelt ihm Petruschka, sein Diener, in dem er aber den Diener und nicht den Menschen sieht, und über den er in seinem Verfolgungswahn behauptet: „Diese Bestie ist imstande, einen Menschen für einen Groschen zu verraten, allen voran den eigenen Herrn, [...], und er hat mich verraten, hat mich bestimmt verraten..." (S. 5). Beim Arzt behauptet er noch, daß er viele böse Feinde hat, „die geschworen haben" (S. 18), ihn zu vernichten.

Beim Arztbesuch stellt es sich heraus, daß er eine Geliebte hatte, eine Deutsche, an die er durch ein Eheversprechen gebunden war. Er nennt sie „eine gemeine, häßliche, schamlose Deutsche" (S. 22). Er hat sie verlassen, weil er die Tochter seines Vorgesetzten heiraten möchte - allein aus Karrieregründen, was er natürlich verleugnet. Aber am Ende der Geschichte überschüttet er das angeblich geliebte Mädchen mit Spott, was auch zeigt, daß er nicht verliebt war: „Das ist mir eine junge Dame! Ei, ei, meine Gnädigste! Das ist mir eine tugendhafte Jungfrau! Das ist unsere Vielgepriesene!..." (S. 173).

Goljadkin ist ein kleiner Beamter, der sich aber eine eigene Wohnung und einen Diener leisten kann. Er hängt von seinen Vorgesetzten ab, hat keine Entscheidungsbefugnisse, und ist, obwohl er von einem beruflichen Aufstieg träumt, am Endpunkt seiner Karriere. So wird ihm der Eintritt in das Haus des Vorgesetzten verwehrt, und als er sich symbolisch durch die Hintertreppe einschleicht, wird er hinausgeworfen. Er muß erkennen, daß er von der Gesellschaft nicht akzeptiert ist. An diesem Abend taucht der Doppelgänger auf. Sein Auftreten ist wohlvorbereitet: schon vorher deutet vieles auf die Gespaltenheit Goljadkins hin.

Seine pathetischen Lebensprinzipien stehen im Widerspruch zur Realität: die Überbetonung der Selbstzufriedenheit verdeckt Minderwertigkeitskomplexe; hinter seiner Einsamkeit steckt die Unfähigkeit zu wahrer Liebe; er hat den Wunsch, ein anderer zu sein und doch derselbe zu bleiben; die Lebensprinzipien, die er betont, erweisen sich als Täuschung: es besteht eine große Distanz zwischen dem idealen, gewünschten Ich und der erreichten Wirklichkeit. Goljadkin lebt im Zustand der Lüge, die nach Dostojewskij die Erscheinung ist, die „den Menschen verdarb".[95]

6.6 Das erwünschte und verwünschte andere Ich

Goljadkin jun., der Doppelgänger taucht in einem Moment auf, „wo die Kluft zwischen dem realen, gedemütigten Goljädkin [sic] und seinem idealen Ich so unerträglich geworden ist, daß er sich buchstäblich selbst nicht wiedererkennt."[96] Der in seinem Bewußtsein gespaltene Held begegnet auf dem Nachhauseweg vom Staatsrat einem Fremden, der ihm vertraut vorkommt - er kann sich dann aber in seinem Doppelgänger nicht gleich wiedererkennen, sonst müßte er seine Gespaltenheit, seine Austauschbarkeit und Unwichtigkeit an der Stelle anerkennen. Er will die Spaltung seines Ich nicht wahrhaben - den Doppelgänger betrachtet er auch als eine „höllische Bosheit von seiten seiner Feinde" (S. 91).

Obwohl er für alle bösen Ereignisse seine Umgebung verantwortlich macht, hat er Schuldgefühle: die verlassene Geliebte und die Dienstversäumnisse im Büro gesteht er in einem Brief ein. Seine Doppeltheit erweist sich gleichzeitig als Strafe für eine Schuld und als Schuld: der Diener Petruschka macht ihm konkrete Vorwürfe, als er darüber berichtet, ein Droschkenkutscher wäre nicht bereit, seinen Herrn zu fahren: „Man kann doch nicht zwei ganz gleiche

---

[95] LAUTH, Reinhard, *Dostojevskij und sein Jahrhundert*. Bonn 1986. S. 131.
[96] HILDENBROCK, Aglaja, *Das andere Ich. Künstlicher Mensch und Doppelgänger in der deutsch- und englischsprachigen Literatur*, a.a.O., S. 163.

Menschen fahren, gnädiger Herr; ein guter Mensch, Euer Wohlgeboren, ist darauf bedacht, ehrbar zu leben, aber nicht Gott weiß wie und niemals doppelt." (S. 131). Auf die Schuldgefühle deutet auch die Vorahnung des Protagonisten hin: von Anfang an befürchtet er etwas. Der letzte Satz des Romans heißt auch: „Er hätte es schon längst vorausgeahnt." (S. 200).

Goljadkin sen. muß seinen Doppelgänger doch wahrnehmen: Goljadkin jun. fängt in dem gleichen Büro zu arbeiten an, hat den gleichen Namen, und wird genauso zielstrebig und erfolgreich wie Goljadkin sen. es selbst gern wäre; der Doppelgänger macht sich beliebt bei seinen Vorgesetzten aber auch in der Gesellschaft, und gewinnt sogar die verlassene Geliebte des Urbildes.

Der Protagonist versucht verschiedene Haltungen dem Doppelgänger gegenüber einzunehmen. Zuerst will er sich mit ihm befreunden, läßt ihn in seine Wohnung ein, und - wie schon erwähnt- will er ihn für seine Intentionen einspannen. Die freundschaftlich-vertraute Zweisamkeit der beiden hört aber am nächsten Tag auf, als Goljadkin jun. seinen „Freund" übersieht, und ihn sogar vor den anderen verspottet und demütigt. Von nun an fängt der Kampf der beiden an: der innere Kampf des Urbildes realisiert sich in der äußeren Rivalität. Während dessen ergibt sich für Goljadkin jun. „eine Skala von Demütigungen und Unterwerfungen und „Waffen strecken", „Sich-Fügen". Mal hält er sich noch für unbesiegt, protestiert, fordert den Gegner zum Duell auf, mal will er vom Kampf zurücktreten..."[97] Der Usurpator erreicht aber auch im weiteren Erfolge, und das Ich des „originalen" Goljadkin löst sich damit parallel immer eindeutiger auf.

---

[97] KESTING, Marianne, *Im Labyrinth der Wahrnehmung. Dostoevskijs „Doppelgänger" als Modell für Kafkas „Prozeß"*, a.a.O., S. 68.

6.7 Zwischen Halluzination und Realität

Im Kapitel 6.4 wurden bereits die Problematik der Wahrnehmung, sowie die Interferenz zwischen dem Erzähltext und Personentext angesprochen. Der Verfolgungswahn und die Wahnvorstellungen des Helden wurden auch mehrmals erwähnt, und auch die Tatsache, daß Goljadkin sen. am Ende in eine Irrenheilanstalt eingeliefert wird. Jedoch muß betont werden, daß es sich im Roman nicht um eine von Anfang an wahnsinnige Person handelt: Goljadkins Wahn wird durch die Konfrontation mit seinem anderen Ich ausgelöst.

Die Rekonstruierung dessen, was real und was in den Halluzinationen während den dargestellten vier Tagen im Leben des Helden geschieht, ist unmöglich. Mit den Worten von Wolf Schmid: „ Für die Konkretisierung des Unbestimmten läßt das Werk allerdings ein breites Spektrum von Möglichkeiten zu. Die Interpretationen zeigen, wie weit die individuellen Konkretisationen auseinanderstreben. Jede Entscheidung für eine bestimmte Auffassung einer Einzelheit führt indes zu einer eigenen Deutung des Ganzen."[98]

Hiermit wird versucht, zusammenzufassen, was sich realiter ereignen könnte: Bei seiner Ausfahrt zu Beginn des Romans hat Goljadkin seinen Dienst versäumt, kommt am folgenden Tag auch zu spät, am dritten Tag erst Mittags. Sein seltsames Verhalten löst das Verhalten seiner Kollegen aus, die sich wundernd ihn beobachten. Am vierten Tag bekommt er einen Verweis wegen der Vernachlässigung seines Dienstes und wird entlassen. Der kleine Beamte erträgt es nicht, und flüchtet in den Wahnsinn.

---

[98] SCHMID, Wolf, *Die Interferenz von Erzählertext und Personentext als Faktor ästhetischer Wirksamkeit in Dostoevskijs Doppelgänger*, a.a.O., S. 102.

Jedoch bleiben einige Fragen offen. Es bleibt ein Rätsel, ob der Doppelgänger eine reale Person (etwa ein Rivale im Amt oder bei Klara) ist, oder ein Wahnbild in Goljadkins Phantasie. Goljadkin Juniors Existenz wird zwar durch eine reale Figur im Amt bestätigt: Goljadkins unmittelbarer Vorgesetzter Anton Antonowitsch bemerkt im Zusammenhang mit dem neuen Kollegen: „Es ist wahr, die Ähnlichkeit ist wirklich verblüffend, und sie urteilen ganz richtig, man kann den einen für den anderen halten" (S. 68). Im Text steht aber auch, daß „der gutmütige Anton Antonowitsch" sich „mit ungewöhnlicher Teilnahme nach dem Befinden Herr Goljadkins" erkundigt, und meint: „Mir kam es so vor, als ob Sie krank seien" (S. 66). Es kann also möglich sein, daß er, nur um den Verwirrten zu beruhigen, die Ähnlichkeit bestätigt. Er erzählt sogar von seiner Tante, die sich „vor ihrem Tod a u c h doppelt g e s e h e n" hat (S. 69 – Hervorhebung der Verf.). Daneben kann nicht ausgemacht werden, was Halluzination in Goljadkins Begegnungen mit den Amtskollegen und Vorgesetzten ist, so könnten die Worte Anton Antonowitsch` auch reine Halluzinationen sein. Die Frage, ob die an Goljadkin gerichteten Briefe in Wirklichkeit geschrieben wurden, kann auch nicht beantwortet werden. Allerdings ist der Liebesbrief der unerreichbaren Klara, der später verschwunden ist, durchaus unwahrscheinlich.

Die Beziehung der Umwelt zu Goljadkin kann man nicht einmal mit geringer Sicherheit erschließen: es stellt sich nicht heraus, ob die Kollegen ihn beruflich vernichten wollen, seinen Verfall nur gleichgültig beobachten, ihm gegenüber feindlich oder freundlich sind oder sich gar um den Kranken sorgen.

Die Verwischung der Grenze zwischen Wirklichkeit und Wahnsinn symbolisiert im Roman der Nebel in der Stadt Petersburg, in dem der Held seinem Doppelgänger begegnet, und wo er mehrmals die Orientierung verliert. Die Träume Goljadkins, die er oft als real wahrnimmt, haben die gleiche Rolle.

6.8 Original und Kopie

In Dostojewskijs *Doppelgänger* tritt die zweite, nicht gelebte Seite des Ich als ein Zwillingsbruder von Goljadkin auf, um die Gespaltenheit des Urbildes anzuzeigen. Goljadkin sen. hält dementsprechend seinen Doppelgänger zuerst einmal für sein eigenes Spiegelbild. Die Kopie wird zum Repräsentanten des Originals: niemand weiß, wer der echte Goljadkin ist. In einem Traum des Protagonisten ist sogar von einer Vervielfältigung die Rede: „Schließlich war eine ungeheure Menge vollkommen Gleicher aufgetaucht" (S. 132), und die Goljadkins bevölkern ganz Petersburg.

Dies kann eine Anspielung darauf sein, daß die kleinen Beamten in einem hierarchischen System nur als Funktion gesehen werden, und daher austauschbar sind. Andererseits wird hier das Verlöschen des Ich von Goljadkin zugespitzt dargestellt, und die Unvereinbarkeit der beiden Teile des Ich gezeigt: Goljadkin ist nicht nur eine gespaltene Persönlichkeit, sondern eine vielfach zerrissene, zespaltete.

Es kommt nicht zu einer Einheit der beiden Ich-Teile, da Goljadkin nach der Konfrontation mit dem Doppelgänger alles auf seine Umgebung projiziert, den Grund seiner Verdoppelung nicht bei sich selber sucht, und seine andere Seite nicht akzeptiert. Als Folge wird er wahnsinnig, und das kopierte Original stirbt eines gesellschaftlichen Todes.

7 Ein Schlußwort als Zusammenfassung

Die vorliegende Arbeit bezweckte die Untersuchung der Doppelgängerbegegnung in drei Textbeispielen. Als Ausgangsbasis der Zusammenfassung sowohl der drei Werke als auch der literarischen Darstellungen des Doppelgängertums möchte ich eine dreistufige Typologie wählen, die Sandro M. Moraldo[99], gestützt auf Renè Welleks motivgeschichtliche These, in seinem Aufsatz entwickelt hat, um die Möglichkeiten der literarischen Gestaltung des Doppelgängermotivs vollständig zu erfassen.

Der erste Typus ist die Grundfigur der Antike: der Doppelgänger ist objektiv vorgegeben. In den Zwillingskomödien fällt er wegen der visuellen (manchmal familiären) Ähnlichkeit zum Opfer einer Verwechslung. Dabei handelt es sich aber immer um *zwei* selbstkonsistente *Persönlichkeiten*: die Figuren sind mit sich selbst identisch, obwohl die Identitätsgefährdung, ein wichtiger Aspekt des Doppelgängertums auch hier besteht: die Einmaligkeit der Person wird aufgehoben, jedoch am Ende meistens wiederhergestellt.

Die zweite Stufe stellt einen wesentlichen Unterschied zu der ersten dar. Der Doppelgänger ist bloß ein Teilstück des Originalen, die zwei Teile eines Ganzen verhalten sich zueinander komplementär. Obwohl die Ähnlichkeit zum Verwechseln noch besteht, führen beide Teile eine Halbexistenz. Deswegen deutet hier der Doppelgänger auf die Spaltung *einer Persönlichkeit* hin.

In den vorangegangenen Interpretationen kamen Texte vor, in denen der zweite Typus des Doppelgängertums, d.h. die zweite Entwicklungsstufe, die ihren Beginn mit Jean Pauls Werken und dessen Definition nahm, dargestellt

---

[99] MORALDO, Sandro M., *Wandlungen des Doppelgängers*. Frankfurt am Main 1996.

wurde. In den angeführten Textillustrationen trat das andere Ich in verschiedenen Formen auf: bei Chamisso als Schatten; in Hoffmanns Erzählung als Spiegelbild, und in Dostojewskijs Roman erschien das Alter ego als eine - zumindest in den Wahnvorstellungen des Helden - reale Person.

Es wurde gezeigt, daß es einen inneren Zusammenhang zwischen den drei verschiedenen Ausprägungen des anderen Ich gibt: sowohl die fiktiven Gestalten (Spiegelbild, Schatten), als auch der objektive Doppelgänger haben eine ähnliche Bedeutsamkeit im Leben der Protagonisten. Das zweite Ich wird in den Texten gleichsam als unheimlich und beunruhigend empfunden, es macht ja einen nicht gelebten, verdrängten Teil des Ich oder ein Wunschbild, ein Ideal sichtbar. Der Doppelgänger verkörpert die Schattenseite des Ich, denjenigen „dunklen" Teil, den der Protagonist vermieden hat zu realisieren.

In allen drei Fällen wird der Doppelgänger „zur anthropologischer Provokation, zur schmerzlichen Selbsterfahrung"[100], obwohl die Versöhnung der beiden Teile in keiner der drei Doppelgänger-Situationen zustandekommt: die Persönlichkeitsspaltung wird nach der schmerzhaften Konfrontation nicht erfolgreich überwunden: Schlemihl bleibt ohne seinen Schatten isoliert von der Gesellschaft; Spikher begibt sich auf die Suche nach seinem Spiegelbild, und seine Geschichte endet hier; Goljadkin gehtunter, und verbringt den Rest seines Lebens in einer Nervenheilanstalt.

Die Interpretationen zeigen, daß das Auftreten des Doppelgängers immer wohlvorbereitet war: die Helden waren ihrer Umwelt entfremdet, unzufrieden, isoliert - bei Hoffmann handelte es sich um unruhige, empfindliche Künstler, die vor der alltäglichen Realität geflüchtet sind.

---

[100] MORALDO, Sandro M., *Wandlungen des Doppelgängers*, a.a.O., S. 206.

Die Reaktion der Umwelt auf die Verdoppelung ist in allen Textbeispielen die gleiche: man empfindet sie verdächtig, und die Gesellschaft stößt „das Original" aus: die Helden - mit der Ausnahme von Schlemihl, der Mina und Bendel hat - erfahren keine Hilfe.

Die Unterschiede in den Textillustrationen entstammen vor allem dem Grund, daß es sich im Falle von Dostojewskijs Roman um ein Werk des Realismus handelt. Die Struktur des Textes (Textinterferenz - s. Kap. 6.4) ist eine moderne Erfindung, und enthält Darstellungsmöglichkeiten, die zur Zeit der Romantik noch ganz fremd waren. Daneben gibt es auch einen thematischen Unterschied: das Motiv der Usurpation ist alleine in dem russischen Roman vorhanden: Goljadkin jun. strebt danach, Goljadkin sen. zu ersetzen und zu vernichten, was ihm auch gelingt. Das Spiegelbild und der Schatten sind dagegen keine handelnden Gegebenheiten.

Der Roman grenzt sich von den beiden anderen Werken auch deshalb ab, weil zwischen Chamissos *Schlemihl* und Hoffmanns Erzählung wegen der Motiv- und Themaverleihung eine direkte Beziehung besteht.

Zum Schluß möchte ich noch den dritten Typus des Doppelgängertums - laut Moraldo - erwähnen, eine neue, moderne Variante. Das Thema der Persönlichkeitsspaltung bleibt auch hier erhalten, aber die beiden Teile haben kein identisches Aussehen mehr, und sie treten nie gemeinsam auf: der Betrachter sieht jeweils nur eines der beiden Ich, da es sich um *ein und dieselbe Person* handelt. Max Frischs *Stiller* gehört unter anderen zu dieser dritten Darstellungsweise, in der es sich in den meisten Fällen um einen Doppelgänger handelt, der in der Gestalt einer realen Person erscheint.

Die Ausläufer des literarischen Doppelgängermotivs reichen von der Antike bis in die Gegenwart. Der Grund für dieses Fortbestehen ist meiner Meinung nach ist in erster Linie in der menschlichen Persönlichkeitsstruktur zu suchen, die sowohl „positive" als auch „negative" Komponenten beinhaltet.

Außerdem haben im Bewußtsein des Menschen alle Begriffe einen Gegenpol: Frau-Mann, hell-dunkel, Tod-Leben - die Zahl der Gegenüberstellungen ist unendlich. Diese Paare verterten aber keine Gegensätze in dem Sinne, daß sie einander meistens nicht ausschließen, sondern zusammen eine Einheit vertreten. Wenn man aber nur die eine Seite akzeptiert, kommt es auf allen Gebieten des alltäglichen Lebens zu Konflikten, schmerzlichen Erfahrungen und Enttäuschungen, bis zu dem Zeitpunkt, da man entdeckt, wie man aus der Doppelseitigkeit profitieren kann, bzw. wie die Spannung zwischen den beiden Polen aufzuheben ist.

Es gibt noch einen Aspekt der Doppelseitigkeit, der nicht mit der Spaltung in zwei Teile in Verbindung gesetzt werden kann. Es handelt sich dabei um die Bereitschaft des Menschen, sich in einem wiederzuerkennen. Diese Bereitschaft ist uralt: sie ermöglichte, daß bereits die nichtzivilisierten Völker geglaubt haben, daß ein jeder über einen „Doppelgänger" verfügt, der damals noch kein Schreckbild war, sondern schützende Funktionen hatte.

Diese Fähigkeit zum Selbstwiedererkennen besteht auch heute noch, und wird nie aufhören. Ohne sie wäre es nicht möglich, die Kunst zu verstehen. Man identifiziert sich als Leser oder Zuschauer mit einem Helden, der anders aber doch ähnlich ist wie er selber. Man begegnet auf der Bühne oder in einem Kunstwerk seinem literarischen Doppelgänger, der einem eine Botschaft bringt.

Das Erscheinen des Doppelgängers signalisiert dem Einzelnen immer die Gelegenheit, in das eigene Schicksal eingreifen zu können. Unabhängig davon, ob er als fiktive literarische Gestalt oder im Alltagsleben in einer Form auftritt, mahnt er vor der Einengung der Persönlichkeit. Und da die meisten Menschen in ihrem Bewußtseinswerdungsprozeß erst unterwegs sind, soll der Doppelgänger statt Schreckbild als ein guter, hilfreicher Freund willkommen sein.

8 Literaturverzeichnis

Primärliteratur

CHAMISSO, Adelbert von, Peter Schlemihls wundersame Geschichte. Stuttgart 1993.

CHAMISSO, Adelbert von, Adelberts Fabel. In: A. v. Chamissos sämtliche Werke in vier Bänden. Band III. Berlin o.J.

DOSTOJEWSKIJ, Fjodor, Der Doppelgänger. Stuttgart 1996.

HOFFMANN, E.T.A., Die Abenteuer der Silvesternacht. In: E.T.A. Hoffmann, Fantasie- und Nachtstücke. Fantasiestücke in Callots Manier; Nachtstücke; Seltsame Leiden eines Theaterdirektors, München 1971.

PAUL, Jean, Werke. 6 Bde, hg. von Norbert Miller, München 1965.

TIECK, Ludwig, Franz Sternbalds Wanderungen. In: L.T.: Frühe Erzählungen und Romane, hg. von Marianne Thalmann, München 1963, S. 699-986.

II. Einschlägige Literatur

BÄCHTOLD-Stäubli, Hans (Hg.), *Handbuch des deutschen Aberglaubens*. Leipzig 1927.

BIELER, M., Artikel „Spiegel", in: *Handwörterbuch des deutschen Aberglaubens*, hg. von H. Bächtold-Stäubli, Bd. 9, Sp. 547-577, Leipzig 1927.

ENDRES, Franz Carl - SCHIMMEL, Annamarie, *Das Mysterium der Zahl: Zahlensymbolik im Kulturvergleich*, München 1993.

FRENZEL, Elisabeth, *Motive der Weltliteratur*. Stuttgart 1992.

FREUD, Sigmund, *Das Unheimliche*, in: *Psychologische Schriften.* Studienausgabe, Bd. IV, Frankfurt am Main 1970.

KORFF, H[ermann] A[ugust], *Geist der Goethezeit. Versuch einer Entwicklung der klassisch-romantischen Literaturgeschichte*, T.4: *Hochromantik*, Leipzig 1956.

LÈVY-BRÜHL, Lucien, *The `Soul` of the Primitive.* London 1928.

LURKER, Manfred, *Wörterbuch der Symbolik.* Stuttgart 1991.

NEUMARKT, Paul, *Chamissos Peter Schlemihl. A literary approach in terms of analytical psychology,* in: Literature and Psychology 17, 1967, S. 120-127.

SCHLEGEL, Leonhard, *Grundriß der Tiefenpsychologie. Bd. 4. Die Polarität der Psyche und ihre Integration. Eine kritische Darstellung von C. G. Jung,* München 1973.

SCHMITT, F. A., *Stoff- und Motivgeschichte der deutschen Literatur.* Berlin - New York 1976.

Sekundärliteratur

1. Zum Motiv des Doppelgängers (auch Spiegel und Schatten) im allgemeinen oder bei mehreren Autoren

BESSIÈRE, Jean (Hg.), Le double. Chamisso, Dostoïevski, Maupassant, Nabokov, Paris 1995.

FRENSCHKOWSKY, Helena, Phantasmagorien des Ich. Motive Spiegel und Porträt in der Literatur des 19. Jahrhunderts, Frankfurt/M 1995.

HABERLAND, Karl, Der Spiegel im Glauben und Brauch der Völker, in: Zeitschrift für Völkerpsychologie und Sprachwissenschaft XII, 1882, S. 324-347.

HILDENBROCK, Aglaja, Das andere Ich. Künstlicher Mensch und Doppelgänger in der deutsch- und englischsprachigen Literatur, Tübingen 1986.

HOFFMANN, Ernst Fedor, Spiegelbild und Schatten. Zur Behandlung ähnlicher Motive bei Brentano, Hoffmann und Chamisso, in: Lebendige Form. Interpretationen zur deutschen Literatur. München 1970, S. 167-88.

KRAUSS, Wilhelmine: Das Doppelgängermotiv in der Romantik. Studien zum romantischen Idealismus, in: Germanische Studien 99, Berlin 1930.

LACHMANN, Renate, Doppelgängerei. In: Frank, Manfred-Haverkamp, Anselm (Hg.), Individualität. München 1988, S. 421-439.

LANGEN, August, Zur Geschichte des Spiegelsymbols in der deutschen Dichtung, in: A.L., Gesammelte Studien. Berlin 1978, S. 141-152.

MORALDO, Sandro M., Wandlungen des Doppelgängers. Frankfurt am Main 1996.

NEUREUTER, H. P., Das Spiegelmotiv bei Clemens Brentano - Studie zum romantischen Ich-Bewußtsein. Frankfurt am Main 1972.

PAUL, Jean-Marie (Hg.), L'Homme et l'Autre. Nancy 1990.

PEEZ, Erik, Die Macht der Spiegel. Das Spiegelmotiv in der Literatur und Ästhetik des Zeitalters von Klassik und Romantik, Frankfurt am Main 1990.

PORITZKY, J.E., Austausch literarischer Formen und Stoffe in der Weltliteratur. III.: Das Doppelgängermotiv, in: Literatur 31, 1928/29, S. 508-11.

PREAUX, Alain, Das Doppelgängermotiv in Jean Pauls großen Romanen, in: Jahrbuch der Jean-Paul-Gesellschaft 21, 1986, 97-121.

REBER, Nathalie, Studien zum Motiv des Doppelgängers bei Dostojevskij und E.T.A. Hoffmann. Bern 1964.

TYMMS, Ralph, Doubles in literary psychology. Cambridge 1949.

WILPERT, Gero von, Der verlorene Schatten. Varianten eines literarischen Motivs, Stuttgart 1978.

2. Literatur zu Adelbert von Chamisso

BENT, Mark, *Das Gattungsrepertoire in der Schlemihlgeschichte A. von Chamissos*, in: *Das Wort* 7, 1992, S. 125-129.

DANÈS, Jean-Pierre, *Peter Schlemihl et la signification de l'ombre,* in: *Ètudes Germaniques* 35, 1980, S. 444-448.

FREUND, Winfried, *Die Dämonie des Geldes. Adelbert von Chamisso: „Peter Schlemihls wundersame Geschichte" (1814),* in: W.Freund: *Literarische Phantastik. Die phantastische Novelle von Tieck bis Storm,* Stuttgart u.a. 1990, S. 55-65.

FREUND, Winfried, *Adelbert von Chamiso-Peter Schlemihl. Geld und Geist; Ein bürgerlicher Bewußtseinsspiegel; Entstehung – Struktur – Rezeption - Didaktik,* Paderborn u.a. 1980.

GILLE, Klaus F., *Der Schatten des Peter Schlemihl,* in: *Der_Deutschunterricht* 39, 1987, S. 74-83.

HESSLING, Rüdiger, *Soziale und interkulturelle Aspekte des Motivs vom verlorenen Schatten in ADELBERT VON CHAMISSOs Novelle „Peter Schlemihls wundersame Geschichte"*, in: Das Wort 9, 1994, S.140-146.

HÖRISCH, Jochen, Schlemihls Schatten - Schatten Nietzsches, in: Athenäum 5, 1995, S. 11-42.

LEISTNER, Bernd, Chamisso und sein Mann ohne Schatten. In: B. L., Sixtus Beckmesser, Essays zur deutschen Literatur. Berlin-Weimar 1989, S. 80-90.

LOEB, Ernst: Symbol und Wirklichkeit des Schattens in Chamissos "Peter Schlemihl", in: Germanisch-Romanische Monatsschrift NF 15, 1965, S. 398-408.

LÜBBE-GROTHUS, Grete: Chamisso: Peter Schlemihls wundersame Geschichte. Protokoll einer Arbeitsgemeinschaft, in: Wirkendes Wort 1955/56, S. 301-307.

MANN, Thomas, Chamisso. In: Gesammelte Werke IX.: Reden und Aufsätze. Frankfurt 1960.

NEUMARKT, Paul, Chamisso's Peter Schlemihl. A literary approach in terms of analytical psychology, in: Literature and Psychology 17, 1967, S. 120-127.

WALACH, Dagmar, Adelbert von Chamisso: Peter Schlemihls wundersame Geschichte (1814). In: Paul Michael Lützerer (Hg.): Romane und Erzählungen der deutschen Romantik. Neue Interpretationen, Stuttgart 1981, S. 285-301.

WIESE, Benno von, Chamissos Peter Schlemihl. In: Benno von Wiese: Die deutsche Novelle von Goethe bis Kafka. Düsseldorf 1957, S. 112-172.

3. Literatur zu E.T.A. Hoffmann

ASCHE, Susanne, Die Liebe, der Tod und das Ich im Spiegel der Kunst. Die Funktion des Weiblichen in Schriften der Frühromantik und im erzählerischen Werk E.T.A. Hoffmanns, Königstein 1985.

GROB, H., Puppen, Engel, Enthusiasten. Die Frauen und die Helden im Werke E.T.A. Hoffmanns, Bern 1984.

GÜNZEL, Klaus, E.T.A. Hoffmann. Leben und Werk in Briefen, Selbstzeugnissen und Zeitdokumenten, Berlin (DDR) 1979.

KAISER, G.R., E.T.A. Hoffmann, Stuttgart 1988.

SCHUHMACHER, Hans, Der Italiener als Doppelgänger des Deutschen. Zu E.T.A. Hoffmanns Italien-Mythos, in: Cantarutti, Giulia - Schuhmacher, Hans (Hg.): Germania - Romania. Frankfurt am Main usw. 1990, S. 42-63.

STIEGLER, Ernst Michael: Das Ich im Spiegel der Kunst und der Wirklichkeit. Eine Studie zum anthropologischen Verständnis E.T.A. Hoffmanns, Frankfurt/M 1988.

4. Literatur zu F.M. Dostojewskij

BRAUN, Maximilian, Dostojewskij. Das Gesamtwerk als Vielfalt und Einheit, Göttingen 1976.

DUKKON, Ágnes, Arcok és álarcok. Dosztojevszkij és Belinszkij, Budapest 1992.

KESTING, Marianne, Im Labyrinth der Wahrnehmung. Dostoevskijs „Doppelgänger" als Modell für Kafkas „Prozeß", in: Germanisch-romanische Monatsschrift 74, 1993, S. 63-68.

LAUTH, Reinhard, Dostojevskij und sein Jahrhundert. Bonn 1986.

NEUHÄUSER, Rudolf, Das Frühwerk Dostoevskys. Heidelberg 1979.

RANFTL, Josef J., Von der wirklichen zur behaupteten Schuld, Studie über den Einfluß von F.M. Dostojewskijs Romane Schuld und Sühne und Der Doppelgänger auf Franz Kafkas Roman Der Prozeß. Erlangen 1991.

SCHMID, Wolf, Der Textaufbau in den Erzählungen Dostoevskijs. München 1973.

SCHMID, Wolf, Die Interferenz von Erzählertext und Personentext als Faktor ästhetischer Wirksamkeit in Dostoevskijs Doppelgänger, in: Russian Literature 4, 1973, S. 100-113.

TERRAS, Victor, F.M. Dostoevsky. Life, Work and Criticism, Canada 1984.

www.ingramcontent.com/pod-product-compliance
Lightning Source LLC
Chambersburg PA
CBHW021958290426
44108CB00012B/1117